教育部人文社会科学重点研究基地重大项目
《西方古代学术名著译注》（19JJD770002）
重要成果

2020 年度国家出版基金资助项目

国家出版基金项目
NATIONAL PUBLICATION FOUNDATION

西方古典
译丛

总主编 杨共乐

COMPENDIUM
OF
ROMAN
HISTORY

罗马史纲

[古罗马]维勒乌斯·帕泰尔库鲁斯 著

张子青 译

北京师范大学出版集团
BEIJING NORMAL UNIVERSITY PUBLISHING GROUP
北京师范大学出版社

题　记

　　西方古典文明是人类文明的重要组成部分，为西方文明的源头，对后世影响巨大。古代希腊与罗马的神话、史诗、历史、文学、演说、法律等无不成为近代以来西方文化的经典与范本，对西方文化起着重要的规范作用。就学习和研究西方文明的学者而言，古代希腊与罗马显然是不可忽视的对象。"言必称古希腊与罗马"与"言必称夏、商、周三代"同样重要。

　　百余年来，尤其是中华人民共和国成立以来，为了使我国的公众更多地了解西方文化，我们的前辈学者或译介文献，解读思想，或出版论著，阐释心得，已经做了许多基础性的建设工作。其工作之细、著译之丰着实令人叹服。

　　从20世纪50年代起，北京师范大学历史系就开始组织力量，着力译介和研究古代希腊与罗马的相关学说，并逐渐产生影响，成为我国西方古典学研究的重镇。刘家和先生、李雅书先生、马香雪先生都是在西方古典学译介和研究领域成就卓著的学者。1984年，我有幸考入北京师范大学历史系，成为李雅书先生的学生。廖学盛先生、马香雪先生都是我们的语言老师。先生们对外语要求极严。在他们的严厉督促和鼓励下，我们背单词，读拉丁，抠古希腊语法，搞翻译训练，整天忙碌，不亦乐乎。后来，我也把这种方法运用到学生的培养上，慢慢探索，不断提高，取得了较好的成绩。现在呈现在读者面前的

"西方古典译丛"都是我们在数年翻译训练的基础上，细致打磨、反复推敲的作品，希望对我国的古典学研究有所帮助。

在翻译过程中，为了搞清英文表达的逻辑结构，并努力把握古典文献相关概念的正确内涵以及各国典章制度的史源流变，我们向专家请教，向前贤求道，除了使用主要的英译本外，还参阅了其他能够找到的相关译本或注释本。我们深知，翻译是一项极其艰苦但又十分神圣的事业，是译者与古典作者思想心灵间的交流，是译者与文字、文献乃至西方古代文化之间的对话，因此对译编者的要求极高。对于"西方古典译丛"，我们尽管进行了多次审校，但不够准确和完美的地方肯定不少，敬请读者批评指正。

杨共乐

北京师范大学史学理论与史学史研究中心

2022 年 12 月 26 日

中译者序

在人类文明史上，罗马是政治大国，也是史学大国，涌现出了许多杰出的史家以及由他们创作的历史著作。维勒乌斯·帕泰尔库鲁斯（Velleius Paterculus）的《罗马史纲》（*Compendium of Roman History*）就是其中之一。对于这部书及其作者，英译者序中已有详细介绍，此处不再赘言，仅做一些补充。

维勒乌斯·帕泰尔库鲁斯出生于约公元前 20 年，距离屋大维打败安东尼乌斯的阿克提乌姆海战已过去约 11 年，按塔西佗所说是"在阿克提乌姆一役战胜之后出生的"年轻一代，从出生起即生活在元首政治的时代。他年轻时在军中服役，曾护送奥古斯都（屋大维）指定的接班人盖乌斯巡行东方行省，后来投入提比略麾下，参加了对日耳曼尼亚、潘诺尼亚等地民族的战事，并于公元 14 年被奥古斯都举荐为下一年度的大法官（*praetor*）。在此期间，他培养起对历史、修辞的浓厚兴趣和书写志向。公元 29 年，维勒乌斯·帕泰尔库鲁斯写就《罗马史纲》，并献给公元 30 年的执政官马尔库斯·维尼奇乌斯（Marcus Vinicius）。相比波利比乌斯、李维、狄奥尼修斯、塔西佗、阿庇安、迪奥·卡西乌斯等史家的罗马史巨著，这部作品只有两卷，虽然体量不大（即便考虑到失传的部分），但颇具特色：一是将希腊史和罗马史相连通，从特洛伊战争结束一直写到提比略时期，不仅在时间跨度上超过现存大部分罗马史著作，而且开创出与前人不同的罗马通史撰述模式；二是内容凝练、取舍有度，是目前能够看到最早的纲要式的罗马史著作；三是对元首政治和提比略极尽赞美，与塔西佗等元老阶层知识精英对元首政治和提比略的批判形成鲜明对比和互补，为我们了解骑士阶层对元首政治的看法、更加全面地认识罗马帝国早期政治史提供了宝贵的史料。① 可以说，维勒乌斯·帕泰尔库鲁斯的《罗马史纲》具有不可忽视的史学史和政治史价值，而这也构成了本书翻译的初衷和动力。

需要说明的是，本书主要译自"洛布古典丛书"《罗马史纲》拉英对照本中的英译文，同时部分参考了 2011 年由亚德利(J. Yardley)和巴雷特(A. Barrett)译注的新版本《罗马史纲》②。在本书翻译和出版的过程中，李小迟、邓默晗、莫凡等同门给了我巨大的鼓励和帮助，杨共乐老师、刘东明老师和岳蕾老师均为此书的审读、编辑付出大量心血，在此我要向他们表达诚挚的感谢。即便如此，由于本人能力所限，译文难免存在不足。本人愿对此承担一切责任，并欢迎读者朋友们提出善意的批评，将问题反馈至邮箱 zhangziqing126@126.com，以帮助该译本不断完善精进。我相信，译者和读者是一个共同体，我期待着和读者朋友们一起进步、共同成长。

张子青

2024 年 3 月 21 日

---

① 国外学者运用《罗马史纲》开展研究成果丰硕，此不枚举。值得注意的是，随着近二十年来中国的罗马史研究的进步，越来越多的学者开始研究、运用这一文本。参见张楠：《维莱里乌斯与罗马史学的通史观》，博士学位论文，东北师范大学，2008；王忠孝：《提比略隐退罗德岛：罗马帝国早期帝位递嬗机制研究》，载《中国社会科学》，2014(7)；李小迟：《帝国前期古典作家对元首政治的认识》，博士学位论文，北京师范大学，2016。

② Velleius Paterculus, *The Roman History*, translated with introduction and notes by J. C. Yardley and Anthony A., Barrett, Hackett Pub. Co., 2011.

英译者序

"他常常说，绝不会有一本书如此糟糕，以致毫无优点。"（*Diece* viii *enim solebat nullum esse librum tam malum ut non aliqua parte prodesset.*）

——小普林尼在《书信集》3.5.10 中征引其舅老普林尼的一句话

不论是作为文体家（stylist）还是历史学家，维勒乌斯·帕泰尔库鲁斯（Velleius Paterculus）都无法跻身伟大的古典文学巨匠之列。但正如老普林尼所言，没有一本书会差到毫无可取之处，而且在这位相对不受重视的作家的著作中，有许多内容（哪怕是译文）值得一读。从荷马时代到君士坦丁堡陷落，这期间的许多希腊文、拉丁文作品流传至今。出于将其中具有价值和吸引力的作品汇总起来的目的，"洛布古典丛书"或许正在做一项极具价值的工作：让更多的人能够利用那些名气较小的作家的作品——他们因为文体或其他原因，没有被视作卓越的古典作家，而且其作品也不必从原文上加以认真研究。

恐怕没有人会将一部简述罗马历史的纲要，一部由一位军官匆忙编就、献给他的好友和坎帕尼亚同乡玛尔库斯·维尼奇乌斯（Marcus Vinicius）的纪念册——纪念他当选为公元 30 年的执政官——视作一部伟大的历史著作或杰出的文学作品。但是，如果暂且不论这部著作的诸多缺点（之后会适当地指出它们），而将它视作一部对近十个世纪 ix

i

的历史的概览，那么在流传至今的所有罗马简史中，它是写作最成功和最具可读性的一部。虽然史纲通常仅仅是一副"骨架"，但抛开这部作品简短的篇幅不谈，多亏了对历史伟人们的人性一面抱有浓厚的兴趣，维勒乌斯成功地为"骨架"包上了真实的"血肉"，注入了不少的"生气"。这部作品的第一卷缺失了大量内容，但第二卷毫不间断地涵盖了从皮德纳战役到公元 30 年的历史。这段历史不仅实际上与李维《罗马史》最后九十七卷的内容相一致——这些卷的手稿本无一流传至今，而且仅部分记载于其他一流罗马史家的作品的现存片段中。维勒乌斯则为我们提供了关于这段历史的完整记载，而且至少比那枯燥的李维《罗马史》摘要更具可读性。因此，即使仅从这点考虑，维勒乌斯的著作也是有价值的。除此之外，这部作品对一些特殊主题的记述也有某些可圈可点之处，特别是关于文学史（在撰写这些篇章时，维勒乌斯如不是带着特别爱品评的喜好，就是怀有真正的兴趣）、罗马殖民地和行省组织发展史的篇章，以及对一些著名罗马历史人物的性格的刻画。甚至在对提比略的记述上（虽然其中有为史家们所普遍批判的阿谀之辞），这部作品——我们肯定会将其与塔西佗那著名的描写相参照——展现出骑士阶层中的行政官员群体对新帝国的心理态度。这些人满怀热情地拥护新帝国，却没有任何元老阶层对旧政制——当它存在于帝国将元老们原有的政治权力剥夺之前——的那种怀念。

　　正如前面所说，这部作品既是一部简史，也是一部纪念册。正是在这情有可原的借口下，作者随意地偏离历史的客观真相而赋予其作品以个人色彩。例如，他在歌颂维尼奇乌斯时不仅仅用颂词，还经常运用呼格，而且按照时间顺序，叙述那些与其执政官任期有关的更加重要的日期，让维尼奇乌斯的祖先们——这些人曾扮演过值得一提的历史角色——跻身杰出人物之列。维勒乌斯这样做也会得到与其本人同样身为行政官员的维尼奇乌斯的强烈共鸣，即狂热地歌颂他的老上司、时任帝国元首的提比略，以及提比略的首席臣僚塞雅努斯（Seja-nus）——当时塞雅努斯权势正盛，是实际上的政府首脑。在歌颂这些人物时，在这部纪念册中，维勒乌斯也会在叙述历史事件的同时，不时地谈到自己的祖先们在其中的参与。而这些内容也会引起维尼奇乌斯的兴趣。此外，当叙述到自己所处的时代时，维勒乌斯就像一位文艺复兴时期的画家，认为将自己当作一名历史盛会中的小人物画在画布上也无妨。

我们所了解的关于维勒乌斯及其家族的信息，都源于这天真无意的"自夸"。因为后世作品中的相关记载稀少，无助于我们对两方面信息的了解。正是通过这部史纲，我们知道维勒乌斯将德西乌斯·玛吉乌斯(Decius Magius)和米纳提乌斯·玛吉乌斯(Minatius Magius)列入他的母系祖先之中。前者作为卡普阿的杰出公民，在卡普阿倒向汉尼拔时，依旧忠于罗马人；后者曾率领一支军团，在同盟战争期间与罗马人并肩作战，并凭此贡献而获得罗马公民权；他的父亲在日耳曼担任骑兵长官；他的叔叔卡皮托(Capito)支持阿格里帕起诉谋杀凯撒的卡西乌斯；他的祖父盖乌斯·维勒乌斯·帕泰尔库鲁斯(C. Velleius Paterculus)在庞培(Pompey)、玛尔库斯·布鲁图斯(Marcus Brutus)和提比略元首之生父提比略·尼禄(Tiberius Nero)的帐下担任工兵长官(*praefectus fabrum*)，曾于公元前 55 年被庞培任命为法官，后于公元前 41 年，因为身体原因无法跟随尼禄从那不勒斯逃出而自杀。史家本人，C①. 维勒乌斯·帕泰尔库鲁斯也是一名忠心的官员，曾在色雷斯和马其顿担任军事保民官，后于公元元年随盖乌斯·凯撒造访东方诸省。当时，他亲眼见证了盖乌斯·凯撒与帕提亚王子在幼发拉底河中的小岛上举行的会晤。之后，他连续八年在提比略手下效力，先担任骑兵长官，后在日耳曼和潘诺尼亚的战役中担任副将(*legatus*)。

①　我们难以确定他的本名(*praenomen*)。普利西安(Priscian)称他为"玛尔库斯"(Marcus)。在(目前我们所知的)最早的编辑本的扉页上，他的本名被写作"普布利乌斯"(Publius)，可能是瑞纳努斯(Rhenanus)误将他与塔西佗《编年史》3.39 中的普布利乌斯·维勒乌斯(P. Velleius)记混了。在维勒乌斯本人的作品中，他的本名在第一卷的开始和结尾处都被写作 C。

xii 公元 6 年，他当选为财务官（*quaestor*），而且在尚未就任的情况下，率军襄助提比略镇压了潘诺尼亚的大叛乱。公元 7 年，身为财务官的他放弃了担任行省职务的特权，而是在潘诺尼亚担任提比略的副将。在公元 7—8 年之交的冬季，他作为众副将之一，统帅冬营。他的兄弟，玛吉乌斯·克莱尔·维勒雅努斯（Magius Celer Velleianus），也是提比略麾下的一员副将，在达尔马提亚战役中战功卓著。兄弟二人均在公元 13 年提比略的凯旋式中身披军功之荣誉。公元 15 年，他们又出任大法官（*praetor*），并且以成为奥古斯都任命的最后一任和提比略任命的第一任大法官而自豪。至此，关于他的军事生涯的记述显然已经结束了。尽管他之后可能担任过行省官员，然而从担任大法官到维尼奇乌斯出任执政官的这十五年间，他似乎没有获得比大法官更高的职位，但肯定享有一些闲暇的时光，因为他暗示了自己正准备写一部更全面的历史著作。况且他对文学真挚的热爱、对当时极为流行的修辞研究的熟悉，都需要时日方能实现，尽管他的作品依旧体现出初学者的许多特点。

xiii 这部史纲①按年代被划分为两个部分，但前后内容分配不均。第一卷内容残断②，起笔于特洛伊陷落不久前的时代，前七章概述早期希腊的历史，到第八章开始写罗马的建城，最终以公元前 146 年迦太基的毁灭收尾。第二卷则涵盖了从格拉古兄弟改革到公元 30 年维尼奇乌斯担任执政官这一期间的历史，尤以从凯撒担任执政官到结尾的这一部分更为充分、全面。他将距自己最近的一段历史写得更加详赡，一方面是由于（厚今薄古的——中译者注）传统惯性（traditional

---

① 这部作品的名称正如它在最早的稿本的第一卷标题所呈现的那样，是 *C. Vellei Paterculi historiae Romanae ad M. Vinicium Cos. prius volumen mutilum*。但是，由于这一卷的开始部分在穆尔巴赫抄本（Murbach MS.）中遗失了，因此这个标题可能仅仅是后来由抄写员写上的。所有的现代编者均已采用这个标题：*Vellei Paterculi ad M. Vinicium libri duo*.

② 这部作品开始的一部分内容，包括标题、致维尼奇乌斯的献词和一或两页文稿在内都散佚了。此外，关于从罗穆路斯统治到皮德纳战役期间历史的记载，也有一大段缺漏。

proceeding）；另一方面，如他自己所说，是因为他准备写一部内容更
丰富的史书，以展现从凯撒与庞培的内战到他生活的时代的这一段历
史，所以吸纳了前人的大量材料。他时不时地改变概述式的写法，而
选用更长的篇幅详述他所感兴趣的话题，如对文学史的涉及，对罗马
殖民地和行省历史的漫谈，他的家族成员对历史事件的参与，以及他
本人在奥古斯都统治最后十五年的历史中所扮演的角色。

　　据推测，在公元 15 年（在这一年，他大概三十五岁）之前，维勒
乌斯将大部分的时光都献给了军旅，只有在这之后相对较多的闲暇
中，他才培养起对文学和人物传记的新兴趣。认识到这一点后，我们 *xiv*
在看待身为史家的维勒乌斯时，便会更好地理解他的优缺点。他像业
余爱好者那样，满怀勃勃的兴致与天真的热情去涉足这些写作，却依
旧像外行那样没有批判性的观点。“冷静自若”（*Nil admirari*）始终未
能成为他的座右铭。在写作这部明显是他的处女作时，维勒乌斯依旧
停留在欣赏和钦慕的阶段。在还没有培养出批判能力时，他无论如何
都没有变得善于讽刺和表达厌恶（*blasé*）。对于历史中的那些传奇故
事，较为知名的作家们早已不感兴趣，但维勒乌斯仍兴味盎然。拉丁
文学的白银时代出现了新的修辞潮流，维勒乌斯从中找到了一种特别
适于表达热情和激赏的媒介。作为一位历史学家，他没有学会如何衡
量证据，也没有严谨地探究过史源①；在按编年叙事时，他无意地混
淆了加图和瓦罗生活的时代②；他匆匆地叙述一桩桩历史事件，而且

---

　　① 除了（老）加图（Cato）和霍尔坦西乌斯·维勒乌斯（Hortensius Velleius）的作品，维
勒乌斯没有特别提及任何史料来源。对于其余的史料来源，我们只能纯粹依靠推测。为了
写出这部作品，他需要一个大事年表并搜集一些人物传记。他很可能利用了阿提库斯（Atti-
cus）的简史和科尔涅利乌斯·奈波斯（Cornelius Nepos）提供的编年资料。在撰写诸场内战的
历史时，他或许利用了梅萨拉·科尔维努斯（Messala Corvinus）的作品。在撰写奥古斯都统
治期间的历史时，他可能参考了奥古斯都的自传。而关于提比略统治期间的历史的记载，
当然大部分出自他本人的经历。如果他引用了李维的著作，那么他无论如何都会经常反对
李维的观点。

　　② 然而，那些用罗马数字标注的时间经常被弄错，令人苦恼。我在注释中修订那些
错误的时间，有赖于年代学学者的研究成果。

不得不打乱它们的正常顺序。事实上，从态度上看，他更像一位记*xv* 者，而非史家。然而，几乎没有证据表明他是有意地歪曲史实。甚至他对提比略那过度的颂扬——这使得维勒乌斯招致了如此严厉的批判——或许至少在某种程度上能作为一个典型，让我们认识到士兵对他的老上司非但不批判，反而忠心耿耿、热心奉献的态度，而这也正反映了军人和官僚对元首的态度——这与元老阶层以及支持共和制的人的看法截然相反。即便往最坏处讲，维勒乌斯的作品也是"宫廷史学"（court history）中的一个有趣的例子。他对历史的兴趣更多是传记式的，而非严格的历史学的。他尤其喜欢描绘历史名人，而且在这方面取得了相当大的成功。特别是第二卷，简直成了一条展示这些名人肖像的长廊——它们通过史料的细长纽带而彼此联系在一起。实际上，这一卷就是一部有插图的罗马历史"名人录"（Who's Who）。维勒乌斯没有将关注对象局限在著名的人物身上，如格拉古兄弟、马略、苏拉、西塞罗、庞培和凯撒，而是同样喜欢描绘那些"配角"，如克洛狄乌斯、库利奥、雷必达和普兰库斯，其中的某些是他所描绘的最成功的人物。然而，过多地描写关于人情趣味的逸事，势必会打破史书内容的均衡。

前面已经说过，维勒乌斯给人的印象一直是一个业余的写手——当他把著史当成一种新的爱好时，多少有些为时已晚了。在他的写作风格中，这些特征屡见不鲜。这种风格充分表现出这位文学新手的自负。他想在完全会飞之前就振翅高翔。在那个盛行修辞、诗文之风败*xvi* 坏的时代，他按捺不住地采用各种修辞技法（rhetorical figures），制造繁复的修辞效果。他在渴望出彩的地方大手一挥，使得作品中涂满了诗人和修辞学家们拥有的全部色彩。例如，修辞式的提问、感叹甚至呼语；修辞化的韵律，矫揉造作的对比，闪闪发光而有时牵强附会的警句，以及过度的夸张。因此，他在称颂提比略时用的一连串最高级用词或许有失于泛滥之嫌。暂且不论维勒乌斯对新帝国的热情拥护，在他的笔下，用在提比略身上的最高级的字眼，大概与用于称颂包括庞培在内的其他历史人物的一样多。事实上，最高级词汇被如此滥用①，以至于与原级相比，它几乎没有什么更多的价值。此外，他的风格缺少一位熟练作家的作品应有的明晰、平易与均衡。这一缺点在那充斥全篇的复合句中体现得尤为明显。其中的一部分句子是名副其实的迷宫。西塞罗笔下的那些复合句不论有多长，都犹如建筑单元的组合；在维勒乌斯的笔下，句子的核心经常被附上太多的短语、从句以及附带的插入语，导致句子看起来更像一块几乎被寄生的藤壶爬满的石头，而不是基于有逻辑和有美感的设计而建造的建筑。这部分是由于他想把从史料中找到的所有内容都浓缩到一个句子里。结果译者看到这些复合句后备感头疼，只能经常把它们拆分成更短的小句——它们更易于在一种无屈折变化的语言中被译者驾驭。除此之外，别无他法。然而，即便考虑到维勒乌斯在文体上的所有缺陷，但正如诺登（Norden）在《古代的艺术散文》(*Antike Kunst-Prosa*)中所说，他的作品却又能吸引读者饶有兴致地从头读到尾；倘若可读性是检验作品的真正标准，那么这一特点就能弥补文体上的缺陷。假如不考虑作品中错综复杂的复合句，只考虑内容、传记化的写作倾向、人情味，那么这部著作对于拉丁语的初学者来说是一本理想的读物。麦考莱（Macaulay）虽不欣赏他的风格并批评他的谄媚之辞，却写道："对我而言，维勒乌斯似乎更像一位非常出色的摘要写手。我几乎没听说过有哪部著作的篇幅如此短小，主题却如此宏阔。"②对于一位历史学家在他所从事的任务中所取得的成就，衡量的标准就是他写出一部"约中见博"(*multum in parvo*)的简史。

xvii

---

① 例如，在西塞罗的《论庞培的统治权》(*De imperio Pompei*)中，选择原级还是最高级，经常仅与音量和韵律有关。

② *The Life and Letters of Lord Macaulay*，by George Otto Trevelyan. Longmans，Green&Co.，1913，vol. i. p. 475.

拉丁文本说明

维勒乌斯作品的底本只有一件手抄孤本，由贝亚图斯·瑞纳努斯（Beatus Rhenanus）于 1515 年在阿尔萨斯地区的穆尔巴赫（Murbach）本笃会修道院发现。此后，这件抄本长期散佚。瑞纳努斯为了说明这件文本近乎令人绝望的残破状况，如此描述道："它残破得如此严重，以致没有任何能工巧匠能恢复其全貌"，"我可以肯定地说：曾经誊写它的抄工无法理解其中的任何一个词"，"里面没有一个部分没有残破。"他不满意于其友匆匆誊写的一个抄本而决心推迟其出版，直到他本来有机会看到一个更善的本子——据说是乔治乌斯·梅卢拉（Georgius Merula）在米兰发现的。未能遂愿的他于 1520 年在巴塞尔（Basle）出版了最早的编辑本。在这个编辑本还处于样稿时，瑞纳努斯的一位助手布热尔（Burer）就将其与穆尔巴赫抄本相对勘，而且还将各种校勘记标注在这个编辑本的附录里。1834 年，欧列里（Orelli）在巴塞尔学院图书馆中发现一份由博尼费修斯·安珀巴赫（Bonifacius Amberbach）于 1516 年誊写的穆尔巴赫抄本的复写本。在此之前，附有布热尔校勘笔记的第一个编辑本始终是我们获取（有关《罗马史纲》的——中译者注）文本知识的唯一来源。这件复写本缺失第一卷的第一段残篇——从第一章的 *tempestate distractus* 到第八章的 *raptus virginum Sabinarum*。这部分残篇的缺失或许表明两点：在 1516 年，或者它还没有被发现，或者至少还没有人认识到它是维勒乌斯作品文本的一部分。安珀巴赫的复写本极其重要，因为它与布热尔的校勘笔记结合起

来，能够让文本考订者恢复穆尔巴赫抄本的原貌。尽管现代学者们在解决有关穆尔巴赫抄本的难题上取得了进步，但是除非某部隐藏已久的抄本意外重现，否则这件《罗马史纲》文本依旧是现存的古典著作的文本中最残破的之一。

如今（本书采用的——中译者注）的这件文本是个综合本。我在主要参考哈尔姆（Halm）与埃利斯（Ellis）的编辑本的同时，还经常采纳

老一辈整理者的编辑成果，尤其是在大多数残破的篇章中。因为，在这些地方，这些学者们的解释似乎更接近穆尔巴赫抄本的传统或者语境应有的含义。重要术语的缩写取自埃利斯的编辑本。我有时改变了标点符号，并且为了方便读者而更加频繁地分段。

书　目

在第一个编辑本问世后的诸多旧编辑本中，以下诸本在本文文本 *xx* 的校勘记中被征引得最多：

J. N. Schegkius，Frankfort，1589；

Acidalius，Padua，1590；

J. Lipsius，Leyden，1591，Antwerp，1627；

Gruter，Frankfort，1607（第一部被系统地拆分为各章节）；

Riguez，Paris，1675（Delphin ed. with word index）；

N. Heinsius，Amsterdam，1678；

P. Burman，Leyden，1719 and 1744.

更多现代的编辑本：

D. Ruhnken，2 vols.，Leyden，1779；reprinted by Frotscher，Leipzig，1830-9；

J. C. H. Krause，Leipzig，1800；

N. E. Lemaire，Paris，1822；

J. C. Orelli，Leipzig，1835；

F. Kritz，Leipzig，1840.

文本版本：

Hasse，Leipzig，1840；

Halm，Leipzig，1863 and 1875；

Ellis，Oxford，1898.

Frank E. Rockwood，Boston，1893 的英文注释本有助于（我们研读文本记载的有关——中译者注）尤利乌斯·凯撒、奥古斯都和提比略时期的历史。

此外还有 J. S. Watson 的英译本，收录于伯恩古典丛书（Bohn's Classical Library）。

有关维勒乌斯研究的全部文献，特别是与维勒乌斯著作中大量特殊问题有关的专著和期刊文献，参见 Schanz, *Geschichte der römischen Litteratur* 中的名单。

缩　写

1　　*A*＝安珀巴赫于 1516 年 8 月对穆尔巴赫佚本的抄本，现藏于巴塞尔学院图书馆 A. N. 2. 8.

　　P＝1520 年印刷的第一部编辑本。

　　B＝穆尔巴赫本中的布热尔校勘记，附印在第一部编辑本之后。哈尔姆（Halm）用字母 M 标示这些校勘记。

目　录

维勒乌斯·帕泰尔库鲁斯(C. Velleius Paterculus)所著

《罗马史纲》(*The Roman History*)

献给执政官维尼奇乌斯(M. Vinicius)

卷 Ⅰ

1.1. 埃佩乌斯(Epeus)①因一场暴风雨而与自己的首领涅斯托尔 ③ (Nestor)失散后，建立了梅塔庞图姆(Metapontum)。透克洛斯 (Teucer)由于忘记替兄长②的不公遭遇复仇，而被父亲忒拉蒙(Tela-mon)断绝了父子关系，之后被赶往塞浦路斯(Cyprus)，建立新城，并以自己故乡的名字将其命名为萨拉米斯(Salamis)。阿喀琉斯(Achilles)之子皮洛士(Pyrrhus)在伊庇鲁斯(Epirus)建立了自己的城市。斐狄波斯(Phidippus)③在忒斯普罗提亚(Thesprotia)建立了厄菲拉(Ephyra)。阿伽门农(Agamemnon)，这位众王之王，被一场暴风雨吹到了克里特岛(Crete)，在那里建立了三座城市。其中两座名

———————

① 这句话的主语因古本上空白而遗失。维勒乌斯在此处叙述的是希腊英雄们从特洛伊返国的事。根据查士丁《腓力史》(Justinus, *Liber Historiarum Philippicarum*)20.2.1可知，维勒乌斯在此处说的是特洛伊木马的建造者埃佩乌斯(Epeus)。查士丁的记载如下："梅塔庞图姆(Metapontum)的人民也在他们的密涅瓦(Minerva)神庙中展示埃佩乌斯曾用来建城和造特洛伊木马的那些铁工具。"

② 埃阿斯(Ajax)。

③ 斐狄波斯是特洛伊战争期间的小首领之一。据《伊利亚特》2.678，他来自卡里阿(Caria)沿海的卡吕德尼亚(Calydnae)群岛。

为迈锡尼(Mycenae)和忒革阿(Tegea)，取名自他故乡的两座城镇；还有一座名为帕加姆乌姆(Pergamum)，以纪念他的胜利。

5　　不久之后，阿伽门农丧命于他的堂兄弟、与他素来不和的埃吉斯托斯(Aegisthus)的无耻罪行，亡身于他妻子的邪恶行径。埃吉斯托斯统治了王国七年。之后，俄瑞斯忒斯(Orestes)在姐姐厄勒克特拉(Electra)——这位有着男子气概的女子——的全力支持下，杀死了埃吉斯托斯和自己的母亲。俄瑞斯忒斯的做法得到了众神的赞许，这从他的长寿和统治的好运就能看出——他活了九十岁，统治了七十年。此外，俄瑞斯忒斯还在一场公平的决斗中报复了阿喀琉斯之子皮洛士，在德尔斐(Delphi)杀了他。因为他抢在俄瑞斯忒斯之前，娶走了墨涅拉奥斯(Menelaus)和海伦(Helen)的女儿、早已被许配给俄瑞斯忒斯的赫尔迈厄尼(Hermione)。

大约就在此时，吕杜斯(Lydus)和第勒海诺斯(Tyrrhenus)兄弟共同执掌吕底亚(Lydia)的王权。迫于粮食歉收之苦，兄弟二人抽签决定谁率领一部分人离国。结果第勒海诺斯中签。他航行至意大利，之后他所定居的地方、定居地的居民以及那片大海①都以他那著名而永恒的名字命名。

俄瑞斯忒斯去世后，他的儿子潘西洛斯(Penthilus)和提萨摩诺斯(Tisamenus)统治了三年。

1.2. 大约在特洛伊(Troy)陷落后的第八十年②，赫拉克勒斯(Hercules)魂归诸神之列后的第一百二十年，珀洛普斯(Pelops)的后裔——在这一百二十年间，他们在驱逐了赫拉克勒斯的后裔后一直统

---

①　即第勒尼亚(Tyrrhenia)、第勒尼安人(Tyrrhenian)和第勒尼安海(Tyrrhenian Sea)。

②　根据埃拉托色尼(Eratosthenes)的编年史的记载，传统上人们认为特洛伊陷落的时间是公元前1183年；根据卡利马库斯(Callimachus)的记载，时间为公元前1127年。但是还有许多其他的说法。参见 H. Fynes Clinton, *Epitome of the Chronology of Greece*, Oxford, 1851。

治着伯罗奔尼撒（Peloponnesus）——又反过来被赫拉克勒斯的后裔逐走。率领族人恢复统治的首领们是特墨诺斯（Temenus）、克瑞斯丰忒斯（Cresphontes）、阿里斯托德墨斯（Aristodemus）。他们都是赫拉克勒斯的第六代孙。

　　大约就在此时①，雅典（Athens）结束了王政。雅典的最后一位国王是墨兰托斯（Melanthus）之子科德洛斯（Codrus）。我们不能不提他的事迹。雅典人（Athenian）身陷与拉栖戴梦人（Lacedaemonian）的苦战，而当时皮同（Python）的神谕已做出回答，即哪一方的将领被敌人所杀，哪一方就会获胜。于是，科德洛斯脱下他的王袍，穿上羊倌的衣服，然后前往敌营，故意挑起争端，结果没有被人认出而遇害。科德洛斯因此获得了不朽的名声，雅典人因此取得了胜利。同样是诡计，怯懦者用它来求命苟活，有人却用它慷慨赴死。有谁不会将钦佩和赞赏送给后者呢？科德洛斯之子墨冬（Medon）是雅典的第一位执政官（archon）。正是在他之后，继任的执政官们②都被阿提卡（Attica）的民众们称为"墨冬之裔"（Medontidae）。墨冬和他的继任者们，直到卡洛普斯（Charops）都是终身担任执政官之职③。伯罗奔尼撒人（Peloponnesian）在撤出阿提卡地区后，在科林斯（Corinth）通往雅典的路途正中处建立了墨伽拉城（Megara）。

　　大约在此时，统治大海的推罗（Tyre）舰队也在西班牙最遥远的地区、我们的世界的尽头建立了加德斯城（Cadiz）。这座城位于一座与大陆只隔了一条狭窄海峡的小岛上。些许年之后，推罗人（Tyrian）还在阿非利加（Africa）建立了乌提卡城（Utica）。

　　被赫拉克勒斯的子孙逐出后，俄瑞斯忒斯的后裔历尽沧桑，饱经海上的暴风雨而四处漂泊，最终在第十五年，于莱斯博斯岛（Lesbos）

---

　　①　即雅典国王科德洛斯（Codrus）去世的那一年。按照攸西比乌斯（Eusebius）的编年史的记载，科德洛斯去世于公元前1068年。

　　②　并非所有的继任者，而是紧随其后的十三位继任者。

　　③　按照攸西比乌斯的记载，终身执政官体制的存在时段为公元前1068—前753年。

及其附近定居。

1.3. 之后，希腊（Greece）因巨大的变乱而陷入动荡。从拉科尼亚（Laconia）被逐出的阿凯亚人（Achaean）在他们现今所在的地方建立城市。佩拉斯吉人（Pelasgian）迁往雅典。有一位忒斯普罗提亚的年轻人，名叫帖撒洛斯（Thessalus），英勇好战，与他强大的族人一道占领了一块地区。之后，该地区以他的名字命名为帖撒利（Thessaly）。迄今，它还被称为"密耳弥多涅人（Myrmidones）之国"。

因此，任何人都有权惊异于那些论及特洛伊战争时代的作家将这个地方称为"帖撒利"。这是一个惯例，尤其是在悲剧诗人的作品中——对这些人应该加以更严厉的批评；因为诗人并不用亲自说，而完全依靠诗中被提到的那些古人之口说出。但是，如果有人坚持认为这些人的族名"帖撒利人"（Thessalian）源自赫拉克勒斯之子帖撒洛斯（即第一位帖撒洛斯——中译者注），那么他就不得不解释，为什么直到第二位帖撒洛斯出现时，这些人才采用了这个族名。

就在这些重大事件发生的前不久，希波特斯（Hippotes）之子、赫拉克勒斯的第六代孙阿勒特斯（Aletes）在地峡上建立了科林斯城。这座城是伯罗奔尼撒的门户，矗立在前面提到的厄菲拉城的旧址上。我们无须为荷马（Homer）曾提到科林斯而诧异①，因为诗人在自己的作品中称呼这座城市和一些伊奥尼亚（Ionia）的殖民地，用的是这些地方在他所处的时代的名称，即便它们的建立距离特洛伊的毁灭已经很久了。

1.4. 雅典人在优卑亚岛（Euboea）的卡尔基斯（Chalcis）和厄里特利亚（Eretria）建立殖民地，拉栖戴梦人则在亚细亚（Asia）的玛格尼西亚（Magnesia）建立殖民地。不久之后，我前面提到过的来自阿提卡的

---

① 参见《伊利亚特》2.570，13.664。

卡尔基斯人，在希波克勒斯（Hippocles）和墨伽斯梯尼斯（Megasthenes）的率领下，在意大利建立了库麦城（Cumae）。据一些文献的记载，这支舰队是由一只在前面飞翔的鸽子引领航行的；另一种说法，则是由铜乐器——就像在祭祀刻瑞斯（Ceres）女神的仪式上用的乐器——在夜里发出的声响引领的。在相当长的一段时间后，一部分库麦（Cumae）公民建立了那不勒斯城（Naples）。① 这两座城对罗马人非同一般而又坚定不渝的忠诚使得它们完全配得上自己的名声和迷人的景致。然而，那不勒斯人（Neapolitan）继续用心呵护着古老的传统；与此相反，库麦人（Cuman）因为与邻近的奥斯奇人（Oscan）交往甚密而移风变俗。现在遗留下来的他们的城墙展现着这些城市昔日的雄伟。

很快，一大群年轻的希腊人因为故土人口过多而涌向亚细亚，去寻找新的居住地。伊奥尼亚人在伊昂（Ion）的率领下，从雅典起航，占据了海岸上最著名的一部分，即今日所说的伊奥尼亚，建立了以弗所（Ephesus）、米利都（Miletus）、科罗丰（Colophon）、普里耶涅（Priene）、列别多斯（Lebedus）、迈乌斯（Myus）、厄里特拉（Erythra）、克拉佐门奈（Clazomenae）、福凯亚（Phocaea），并且占领了爱琴海（Aegaean）和伊卡利亚海（Icarian Sea）的许多岛屿，如萨摩斯（Samos）、基俄斯（Chios）、安德洛斯（Andros）、泰诺斯（Tenos）、帕洛斯（Paros）、德洛斯（Delos），还有一些名气较小的其他岛屿。不久后，埃奥利亚人（Aeolian）也从希腊出发，在长期漂泊之后，占领了同样著名的地方，建立了这些著名的城市：士麦拿（Smyrna）、库墨（Cyme）、拉里萨（Larissa）、米利拿（Myrina）、米蒂利尼（Mytilene），还有莱斯博斯岛上的其他城市。

①　德国古典学家卢布克（Lubker）在其《文理中学古典学专业辞书》（*Reallexikon des classichen Alterthums für Gymnasien*）中将其时间定为公元前 6 世纪。

1.5. 之后，荷马那横溢的才华在世界上绽放。他是旷世无双的最伟大的诗人。他仅仅凭借作品的宏伟气象和诗才的灿烂光华就配得上"诗人"之名。荷马的最伟大之处在于，他没有前人可供模仿，也一直没能被后人模仿。除了荷马和阿尔奇洛科斯（Archilochus），我们找不到任何一位诗人，既是他所在领域的开拓者，又达到了完美的境界。荷马生活的时代距离他笔下的特洛伊战争，比一些人想象的要更久远。因为，他的创作期大约在九百五十年前，并且他出生距今不超过一千年。① 因此，他经常说"就像我们现在的人一样"②也就不足为奇。通过这句话，荷马不仅表示了人与人之间的不同，也表示了时代与时代之间的不同。如果有人坚持认为荷马天生目盲，那么他是毫不明智的。

1.6. 在接下来的时代——距今约八百七十年前③——亚细亚的主人由统治了一千零七十年的亚述人（Assyrian）变成了米底人（Medes）。事实上，亚述人的王萨尔达那帕卢斯（Sardanapalus），这个由于生活侈靡而柔弱无力的人，是因为过多的财富而毁灭的。身为从巴比伦（Babylon）建城者尼努斯（Ninus）和塞米拉米斯（Semiramis）以来，从父亲那里直接继承王位的第三十三代王④，他被米底（Media）的阿拔士（Arbaces）所杀，以致身死国灭。

拉栖戴梦人吕库古（Lycurgus）生活在这个时代，他是希腊历史上最杰出的人物之一。他是一位贵族，制定了极为严厉和极为公正的法

---

① 克林顿在前引著作第 146 页中推测荷马的创作期是公元前 962—前 927 年。

② 参见《伊利亚特》5.304，12.383，12.449。

③ 古典作家巴尔巴鲁斯（Barbarus）和卡斯托尔（Castor）将米底人的叛乱定于公元前 843 年。这不仅得到克泰西亚斯（Ctesias）记载的证实，也与此处维勒乌斯给出的时间完全契合。

④ 狄奥多洛斯（Diodorus）在《历史集成》2.21.25 中记载亚述国王一共有三十位，亚述王朝的历史为一千三百六十年，这一年数比维勒乌斯给出的一千零七十年多出了相当多，将亚述王朝的建立时间定在了公元前 2204—前 2203 年。

律，也设立了对人口增殖极其有利的规定。只要斯巴达（Sparta）遵循它，便处于全盛。

在这一时期，即罗马建城前六十五年①，推罗人埃莉萨（Elissa）——也有些作者称她为狄多（Dido）——建立了迦太基（Carthage）。大约就在这时，身为贵族的赫拉克勒斯第十一代孙卡拉诺斯（Caranus）也从阿尔戈斯（Argos）出发，夺取了马其顿（Macedonia）国王的王位。作为他的第十七代孙，亚历山大王（Alexander the Great）可以自豪地说，从母系算，他是阿喀琉斯的后代，从父系算，他是赫拉克勒斯的子孙。［埃米利乌斯·苏拉（Aemilius Sura）在他的罗马编年史的书中说道：“在各民族中，最早统治世界的是亚述人，之后是米底人，之后是波斯人（Persian），再之后是马其顿人（Macedonian）。之后，通过击败迦太基，紧接着又击败有着马其顿血统的国王腓力（Philip）和安提奥库斯（Antiochus），罗马人获得了统治世界的大权。从最早统治世界的亚述王尼努斯掌权开始，到罗马人执掌世界，共历一千九百九十五年②。”］

1.7. 赫西俄德（Hesiod）属于这一时代，距荷马的时代约一百二　*17*
十年③。他品味高雅，以诗风柔美闻名于世，而且热爱和平与宁静。他位列荷马之后并不仅是因为其生活的时代更晚，还因为他的作品获得的尊崇仅次于荷马的史诗。他在避免荷马的缺点同时，真正地讲述了自己的故乡和父母。但是他以极具轻蔑色彩的措辞讲述了自己的家乡，因为他在这里遭遇了不公。

---

① 根据蒂迈欧（Timaeus）的记载，这一时间为公元前 814—前 813 年。

② 迦太基陷落的时间是公元前 146 年。按照狄奥多洛斯的记载，亚述王国的建立时间为公元前 2204—前 2203 年。照此计算，中间相隔两千零五十八年。

③ 克林顿认为赫西俄德创作的年代为公元前 859—前 824 年，参见 H. Fynes Clinton, *Epitome of the Chronology of Greece*，p. 146。波尔菲利（Porphyry）认为赫西俄德生活的年代与荷马生活的年代相隔一百年。

刚才我一直在讲述外国的历史，现在我要讲述一件关乎我们国家的史事。在这件事上，人们的许多看法是错的，而且很多权威的看法存在着巨大的矛盾。有些人认为，大约在此时，即距今八百三十年前，埃特鲁里亚人（Etruscan）建立了卡普阿城（Capua）和诺拉城（Nola）。我倾向于这一说法。但是，玛尔库斯·加图（Marcus Cato）的观点却大相径庭。他承认卡普阿以及后来兴起的诺拉为埃特鲁里亚人所建，却坚持认为卡普阿在被罗马人占领（公元前 211 年——中译者注）之前，仅仅存在了约二百六十年。如果加图所说属实——事实上，卡普阿被罗马人占领距今约两百四十年——那么卡普阿的建立距今为五百年。至于我，虽然对加图的严谨致以一切应有的尊重，但无法相信这座城市能在如此短的时间内有如此的发展和繁荣，或者能在如此短的时间内陷落又复兴。①

1.8. 不久之后，奥林匹克运动会，这场所有体育竞赛中的盛会，这场能够极其有效地锻炼人的心智和体魄的赛事，在埃利斯（Elis）王伊菲托斯（Iphitus）的支持下开始举行。玛尔库斯·维尼奇乌斯（Marcus Vinicius），他在您担任执政官之前八百二十三年②，创立了运动会（*ludus*）和市集（*mercatum*）。在这之前约一千二百五十年，阿特柔斯（Atreus）在同一地方创立了这一神圣的仪式，当时为了纪念他的父亲珀洛普斯③，在葬礼上举办运动会。在这场运动会中，赫拉克勒斯赢得了每一项竞技。

19

---

① 卡普阿作为一座平原城市的事实表明，它由埃特鲁里亚人创立的历史可以追溯到埃特鲁里亚人称霸坎帕尼亚地区时，即大约公元前 600 年，并且支持了老加图的论述。然而，这座城市也并非没有可能建于之前奥斯奇人的殖民地上。

② 在后文中，维勒乌斯将奥林匹亚纪从公元前 776 年开始计算，实际上这些运动远在这一年之前就存在了。

③ 奥林匹克运动与珀洛普斯在神话上的联系表明它们起源于前多里亚（pre-Dorian）时期。对赫拉克勒斯的崇拜是之后多里亚人引进的。

大约就在这时①，雅典的执政官们不再终身担任执政官之职。阿尔克梅翁(Alcmaeon)是最后一位终身执政官。自此，执政官开始实行选举，任期十年。这一传统持续了七十年。之后，政府由每年选举的官员们组成。卡洛普斯是首位任期十年的执政官，欧律克西亚斯(Eryxias)则是最后一位任期十年的执政官。克瑞翁(Creon)是首位任期一年的执政官。

在第六个奥林匹亚纪②，即第一次奥林匹克运动会举行后的第二十二年，玛尔斯(Mars)之子罗穆路斯(Romulus)在向他外叔祖父的恶行复仇后，在柏勒里亚节(Parilia)之日，于帕拉丁山(Palatine)上建立了罗马城。从这时到您担任执政官，七百八十一年的时间已然流逝。这一事件发生在特洛伊城陷落后第四百三十七年。在建立罗马城的过程中，罗穆路斯得到了他祖父拉提努斯(Latinus)的军事援助。我乐于赞同这一观点，因为，除非凭借维恩提奈人(Veientine)和其他埃特鲁里亚人，还有与罗马人如此亲密的萨宾人(Sabine)的协助，否则罗穆路斯几乎不可能靠一群喜好安逸的羊倌建起新城，即便他在两座山丘之间建立了庇护所以增加人口。在辅助他管理国政的议事会(*consilium*)中，有一百位被称为"父老"(*patres*)的人。这个词语就是"贵族"(*patricius*)一词的词源。对萨宾女子的强暴……③ 21

此时，米太亚德(Miltiades)之子西门(Cimon)声名显赫。

1.9. ……超过了恐惧的敌军。④ 珀尔塞斯(Perses)凭借着如此善

---

① 雅典的"十年执政官"制度（即执政官任期十年——中译者注）始于公元前752—前751年。一年一任的执政官制度始于公元前683—前682年，第一任此类执政官是克瑞翁(Creon)。

② 按照瓦罗的纪年为公元前753年，按照老加图的纪年为公元前751年。维勒乌斯有时采用老加图的纪年法，但在这里，如果按老加图的纪年法来算，这一年应当为第七个奥林匹亚纪。

③ 此处原文散佚。

④ 此句原文散佚部分较多，主语不明。

变的机运——即他在战争中占据了大部分优势，成功地说服了希腊的大部分国家与其结盟，加入其计划——与罗马执政官们的战争持续了两年。① 连过去最忠于罗马人的罗德斯人（Rhodian）当时也动摇了，在看到珀尔塞斯的成功后，欲倒向那位国王的阵营。在这场战争中，欧迈尼斯王（Eumenes）②态度中立，既不像其兄长那样有进取心，也不墨守成规。然后，元老院和罗马人民选举卢奇乌斯·埃米利乌斯·鲍卢斯（Lucius Aemilius Paulus）为执政官。他在之前担任大法官和执政官时均获得过凯旋式，配得上歌颂勇气的至高赞美。他的父亲（老）鲍卢斯③怀着一种只有他的反战态度——他不同意发起这场给共和国带来如此巨大灾难的战斗——能够媲美的勇气，战死在了坎尼（Cannae）的战场。在马其顿的一座名为皮德纳（Pydna）的城市，鲍卢斯于一场大战中战胜了珀尔塞斯④，将其击溃，夺取了敌营，摧毁了敌军，使得珀尔塞斯狼狈地逃出了马其顿。离弃故土后，珀尔塞斯藏身于萨摩色雷斯岛（Samothrace），向神庙乞怜哀告，将自己的性命寄托于神庙的不可侵犯性。在那里，舰队长官格奈乌斯·屋大维（Gnaeus Octavius）俘获了他，通过论理劝服而不是强制，最终让他在罗马人的善意面前俯首。就这样，鲍卢斯押解着这位最伟大的、最有名的国王行进在凯旋式中。⑤

① 在公元前 171 年，罗马人向马其顿国王珀尔塞斯宣战。当时参加战争的指挥官分别是公元前 171 年的执政官 P. 李锡尼乌斯·克拉苏（P. Licinius Crassus）、公元前 170 年的执政官 A. 霍斯提利乌斯·曼奇努斯（A. Hostilius Mancinus）、公元前 169 年的执政官 Q. 玛尔奇乌斯·腓力（Q. Marcius Philippus）。

② 即帕加马国王欧迈尼斯二世（Eumenes Ⅱ），公元前 197—前 159 年在位，是阿塔卢斯一世（Attalus Ⅰ）的长子。

③ 即卢奇乌斯·埃米利乌斯·鲍卢斯（Lucius Aemilius Paulus）。公元前 216 年，他和盖乌斯·泰伦提乌斯·瓦罗（Gaius Terentius Varro）担任执政官。他的策略是通过避战拖垮汉尼拔。但是他那性格鲁莽的同僚在那一天率军与汉尼拔在坎尼会战，致使罗马经历了最惨痛的失败。

④ 时间为公元前 168 年。

⑤ 庆祝马其顿战争胜利的凯旋式于公元前 167 年举行。珀尔塞斯后来一直被囚禁于阿尔巴（Alba）的福凯恩西斯（Fucensis），最终在那里去世。

在这一年中，罗马人还举行了另外两场凯旋式：一场是为舰队长官屋大维庆祝的，一场是为阿尼奇乌斯（Anicius）——这位统帅在凯旋战车前驱赶着伊利里库姆人（Illyrian）的国王盖恩提乌斯（Gentius）——庆祝的。嫉妒如何与伟大的成功相伴，嫉妒如何伴随着最杰出的人物，从这件事中或许能够看出：虽然没有人反对屋大维和阿尼奇乌斯的凯旋，却有人试图破坏鲍卢斯的凯旋式。鲍卢斯的凯旋式如此空前——不论是体现在珀尔塞斯国王本人的名气上，还是体现在那些被展示的雕像和在游行中被抬着的巨量金钱上——以至于他向国家贡献了两亿塞斯退斯。这批巨额的财富使得之前所有的凯旋式都黯然失色。

1.10. 大约在此时，叙利亚（Syria）国王安提奥库斯·埃匹法奈斯（Antiochus Epiphanes）——即那位在雅典建立了奥林匹乌姆门（Olympieum）的安提奥库斯——正在围攻身在亚历山大里亚（Alexandria）的小国王托勒密（Ptolemaeus）①。玛尔库斯·珀皮利乌斯·莱纳斯（Marcus Popilius Laenas）奉命出使，令安提奥库斯停止围攻。他宣读了旨意，并且在安提奥库斯回答说会认真考虑时，用手杖围着这位国王画了一个圈，告诉他在走出沙地上的这个圈之前必须予以答复。通过这种方式，罗马的强硬缩短了这位国王考虑的时间，迫使其听从了罗马人的命令。

当时，在马其顿取得胜利的卢奇乌斯·鲍卢斯有四个儿子。较大的两个儿子过继给了别人，其中一位过继给阿非利加努斯（Africanus）之子普布利乌斯·西庇阿（Publius Scipio），仅仅继承了其父的名字和高超的辩才；另一位过继给法比乌斯·马克西穆斯（Fabius Maximus）。较小的两个儿子在他取得胜利时，还没有到穿托袈的成人之年。在举行凯旋式之前的某一天，鲍卢斯按照古时的传统，在城墙外

①　即爱母者托勒密六世（Ptolemy VI. Philometor）。

向大群的民众汇报功绩。① 他向诸神祈祷说，如果有谁嫉妒他的功绩和好运，那么请他们将怒气发泄在他本人身上，而不要伤害国家。这番话就好像预言一般，使他失去了重要的家人。因为就在凯旋式前几天，他那留在自家的两个儿子有一个离世，另一个则在凯旋式后不久离世。

大约就在此时，弗尔维乌斯·弗拉库斯(Fulvius Flaccus)和珀斯图米乌斯·阿尔比努斯(Postumius Albinus)担任监察官②，任内以严苛而著称。甚至弗拉库斯的兄弟、与弗拉库斯同为财产继承人的格奈乌斯·弗尔维乌斯(Gnaeus Fulvius)都被这两位监察官逐出了元老院。

1.11. 在击败和俘虏珀尔塞斯之后——四年后，假释出狱的囚徒珀尔塞斯死在了阿尔巴(Alba)——一个"伪腓力"(pseudo-Philippus)武装占领了马其顿(之所以如此称呼他，是因为他自称腓力且血统高贵，实际上却出身卑微)，将王室的标志据为己有，但很快便为自己的蛮勇付出了代价。大法官昆图斯·梅特卢斯(Quintus Metellus)——他由于在与伪腓力的作战中表现英勇，因此获得了"马其顿尼库斯"(Macedonicus)的荣名——在一场著名的大捷中战胜了伪腓力及马其顿军。③ 他还在一场大战中击败了反抗罗马的阿凯亚人。

正是这位梅特卢斯·马其顿尼库斯，在这场战争之前于那两座神庙附近建立了柱廊而没有写辞铭——现在，这两座神庙都被屋大维娅(Octavia)柱廊环绕——并且从马其顿掠夺来了许多骑士雕像，让它们面朝那两座神庙放置。甚至直到现在，这组群雕仍是那个地方的主要装饰物。关于这组群雕的起源，传统的说法是：亚历山大王说服利西波斯(Lysippus)，这位在雕塑此类作品上无出其右的雕塑家，为他在

① 在举行凯旋式的日子之前，获得凯旋式的将领必须在城外等待。
② 公元前 174 年。
③ 公元前 148 年。

格拉尼库斯河(Granicus)阵亡的骑兵们雕塑一组半身像，并且将亚历山大本人的雕像置于其中。

同样是这位梅特卢斯，在罗马建造了第一座大理石神庙，而且特意将其建立在这些纪念物中间，并因此成为以这种方式展现自己慷慨品行——或者，我们应当称其奢侈？——的第一人。我们很难在任何民族、任何时代、任何阶层中找到一个能像梅特卢斯一样好运的人。 *29* 因为，即便不提他辉煌的凯旋式、获得的伟大荣誉、在国家中的显赫地位、绵长的寿命，以及他为了国家利益与政敌进行的艰苦而又对自己的声望没有损害的竞争，他还培养了四个儿子，看着他们都长大成人，最终走在了孩子们的前面，带着最崇高的荣誉离世。这四个儿子将父亲的灵柩抬至讲坛前；长子是前执政官和前监察官，次子是前执政官，三子正在担任执政官，四子是当时执政官的候选人且任职已无悬念。这确实不是死去，而是幸福地离开了世间。

1.12. 虽然我已说过，阿凯亚(Achaea)的大部分地区已被同一位梅特卢斯·马其顿尼库斯的英勇及其军队击溃，但不久之后，整个阿凯亚地区还是掀起了叛乱。尤其是科林斯人(Corinthian)，他们是这场叛乱的煽动者，竟然狠狠地侮辱了罗马人和前往指挥战争的执政官穆米乌斯(Mummius)。

大约在这时，元老院决定摧毁迦太基，因为罗马人更愿意相信关于迦太基人的传闻，而并非因为报告是可靠的。于是此时，西庇阿·埃米利阿努斯(Scipio Aemilianus)虽身为营造官候选人，却当选执政官。他集其祖父普布利乌斯·阿非利加努斯(Publius Africanus)和生父卢奇乌斯·鲍卢斯(前已论及，他是鲍卢斯之子，被普布利乌斯· *31* 西庇阿收养)的美德于一身，被赋予了一位优秀士兵和优秀公民的所有品质，不论是在天赋，还是在后天获得的知识上，都是那个时代最杰出的人物。终其一生，他没有因为做出和产生任何不值得称赞的言行、思想而有愧于心。他之前曾在西班牙获得过金城冠①（*corona muralis*），在阿非利加勇敢作战，获得过攻城冠②（*corona obsidionalis*），并且在西班牙杀死了一位身材魁梧的敌人，尽管他自己的体力很一般。罗马的执政官们已在两年前发动了对迦太基的战争，如今西庇阿以更凌厉的气势将这场战争推进下去。他最终将迦太基夷为平地（对罗马的声誉而言，这座城市之所以可恨，更多的是因为它的力量引起其嫉妒，而不是它在那个时候对罗马有任何进犯）。西庇阿让迦太基变成了见证他勇武的纪念物——这座城市曾见证了他祖父的仁慈。③ 迦太基，在屹立了六百七十二年后，于格奈乌斯·科尔涅利乌斯·莱恩图卢斯（Gnaeus Cornelius Lentulus）和卢奇乌斯·穆米乌斯（Lucius Mummius）担任执政官的那一年④灭国，距今一百七十三年。这就是迦太基，这个罗马劲敌的灭亡。我们的祖先与它的战争始于克劳狄乌斯（Claudius）和弗尔维乌斯（Fulvius）任执政官的那一年⑤，即在您，玛尔库斯·维尼奇乌斯担任执政官前二百九十二年。在这两个民族之间，有一百二十年的时间处于战争、备战和脆弱的和平状态。甚至在征服了世界之后，罗马也没有渴求和平——只要"迦太基"之名

33 依旧像一座城屹立不倒：由冲突引发的仇恨，远比造成仇恨的恐惧更为持久，甚至在敌人被征服后，仇恨都不会消失，而只有仇恨的对象消失，仇恨本身才会消失。

1.13. 加图，这位坚决主张毁灭迦太基的人，在迦太基灭亡前三年，即卢奇乌斯·肯索利努斯（Lucius Censorinus）和玛尼乌斯·玛尼

---

① 用于奖励获得攻城胜利者。金质，上有锥形装饰。

② 一顶冠冕或花环，授予让军队免遭围攻或投降之辱的将领。它由在战场当地采的草编成。

③ 大西庇阿（Publius Cornelius Scipio Africanus）曾于扎马之战（the battle of Zama）后宽恕了迦太基。

④ 公元前146年。

⑤ 公元前264年。

利乌斯(Manius Manilius)担任执政官的那一年去世。在与迦太基毁灭的同一年，卢奇乌斯·穆米乌斯将科林斯夷为平地。[①] 科林斯自希波特斯之子阿勒特斯建城到灭国，共历九百五十二年。摧毁迦太基和科林斯的两位统帅，分别获得了以被征服民族的族名命为荣名的殊荣，一位被称为"阿非利加努斯"，一位被称为"阿凯亚库斯"(Achaicus)。在穆米乌斯之前，没有哪位新贵(*novus homo*)[②]曾通过军事荣誉为自己赢得荣名。

　　两位统帅性格的不同，正如他们趣味之各异。西庇阿是一位有教养的赞助人，是人文研究和一切学问的钦慕者。不论在家中，还是外出，都一直把两位杰出的天才——波利比乌斯(Polybius)和帕奈提乌斯(Panaetius)——带在身边。没有人比西庇阿更会优雅地利用自己的闲暇来缓解公务的压力，也没有人比他更持久地热爱战时或和平时的诸多技艺。不论是在战争中，还是在学习中，他既通过亲身涉险以锻炼体魄，也通过学习来锻炼头脑。穆米乌斯则十分粗鲁，以致在占领科林斯后，与承包商签约，将科林斯的那些由最伟大的艺术家创作的画作、雕塑运回意大利，并且警告他们，如果弄丢了这些艺术品，他们就要用新的替代。然而，维尼奇乌斯，我认为您肯定会同意这样的观点：假如罗马人对科林斯艺术品的欣赏能力到现在仍处于粗蛮状态，而不是到现在这样的程度，或许这对国家更为有利；就公共的福祉而言，当时的无知比我们现在关于艺术的知识更为有益。[③]

35

---

　　①　公元前 146 年。

　　②　家族中第一个担任高级官职(curule office，坐象牙圈椅的官员)的人被称作"新贵"(*novus homo*)或"新人"(new man)。

　　③　佩特罗尼乌斯(Petronius)在《萨蒂利孔》(*Satyricon*)第 50 节中提到罗马人收集科林斯青铜器的风尚。我倾向于认为维勒乌斯知道这一风尚。有可能在"科林斯的"(Corinthiorum)这一单词中他暗指了这一风尚——如果这样，他就错了。关于这一观点(指"希腊艺术品腐蚀罗马人"——中译者注)参见普鲁塔克《玛尔凯卢斯传》(Plutarch, *Marcellus*)，21(英译本为 27，为 21 之误——中译者注)。

1.14. 由于将一些有着内在关联的史事放在一起，比之将它们按时间顺序割裂开来进行排列，会给人的头脑和眼睛以更深的印象，因此我决定通过一段有用的小结，将这部作品的第一部分和第二部分分开，并且在此处插入一段记载，按照时间顺序，记录下自高卢人占领罗马以来，罗马人按照元老院政令建立的殖民地。因为，就军事殖民地而言，它们的名字恰恰揭示了它们的起源和建城者。而且，如果按照这种联系，将公民权的种种扩大进程和日益闻名的罗马之名声（这是通过罗马人授予其他民族以罗马的特权实现的）与我们的历史交织在一起叙述，我认为这样做是完全合适的。

在高卢人攻陷罗马七年后，罗马人在苏特利乌姆（Sutrium）建立了一个殖民地。次年，在塞提阿（Setia）建立殖民地。又过了九年，在内佩（Nepe）建立了殖民地。三十二年后，阿里奇努姆人（Arician）被授予罗马公民权。距今三百六十年前，在斯普利乌斯·珀斯图米乌斯（Spurius Postumius）和维图利乌斯·卡尔维努斯（Veturius Calvinus）担任执政官的那一年，坎帕尼亚人（Campanian）和一部分萨姆尼特人（Samnite）获得了无投票权的罗马公民权。是年，罗马人在卡莱斯（Cales）建立了殖民地。① 之后，又过了三年，正是在亚历山大里亚建城的那一年，弗恩蒂（Fundi）人和福尔米埃（Formiae）人也被授予了罗马公民权。翌年，监察官斯普利乌斯·珀斯图米乌斯和菲洛·普布里利乌斯（Philo Publilius）将罗马公民权授予阿凯拉（Acerra）的居民。② 三年后，罗马人在塔拉奇纳（Tarracina）建立殖民地，又过了四年，在卢凯利阿（Luceria）建立了殖民地。三年后，苏埃萨-奥伦卡（Suessa Aurunca）和萨提库拉（Saticula）成为了罗马殖民地。两年后，罗马人又在茵特拉姆纳（Interamna）建立了殖民地。在这之后，罗马人的殖民进程停滞了十年。再后来，罗马人在索拉（Sora）和阿尔巴建立了殖

37

---

① 公元前334年。

② 公元前332年（此处时间应为公元前330年，英译者标注有误——中译者注）。

民地，又过了两年，在卡尔塞奥利（Carseoli）建立了殖民地。但是，在昆图斯·法比乌斯（Quintus Fabius）担任第五任执政官、德西乌斯·穆斯（Decius Mus）担任第四任执政官的那一年①，即皮洛士（Pyrrhus）开始掌权的那一年，罗马人开始前往明图尔内（Minturnae）和西努埃萨（Sinuessa）殖民，四年后又前往维努西亚（Venusia）殖民。两年后，即玛尼乌斯·库利乌斯（Manius Curius）和卢菲努斯·科尔涅利乌斯（Rufinus Cornelius）担任执政官的那一年②，萨宾人获得了无选举权的罗马公民权。这件事发生在三百二十年前。在法比乌斯·多尔索（Fabius Dorso）和克劳狄乌斯·卡尼纳（Claudius Canina）担任执政官的那一年，即距今三百年前③，罗马人在科萨（Cosa）和佩斯图姆（Paestum）殖民。五年后，在塞姆普罗尼乌斯·索福斯（Sempronius Sophus）和盲者阿匹乌斯（Appius the Blind）之子阿匹乌斯担任执政官的那一年④，罗马人前往阿里米努姆（Ariminum）和贝内温敦（Beneventum）殖民，萨宾人获得了罗马公民的投票权。在第一次布匿战争爆发的那一年，罗马人前往菲尔姆乌姆（Firmum）和卡斯特卢姆（Castrum）殖民，一年后又占领了埃塞尔尼阿（Aesernia），又过了十七年占领了埃弗卢姆（Aefulum）和阿尔西乌姆（Alsium），又过了两年占领了福莱格奈（Fregenae）。在接下来的一年，即托尔夸图斯（Torquatus）和塞姆普罗尼乌斯（Sempronius）担任执政官的那一年⑤，罗马人在布隆狄西乌姆（Brundisium）建立殖民地。三年后，斯珀莱提乌姆（Spoletium）和弗洛拉里阿（Floralia）的殖民地建成。两年后，瓦兰提阿（Valentia）的殖民地建成，并且克莱莫纳（Cremona）和普拉坎提阿（Placentia）恰好在汉尼拔（Hannibal）抵达意大利前建成。

39

---

① 公元前 295 年。
② 公元前 290 年。
③ 公元前 270 年。
④ 公元前 266 年（此处时间应为公元前 268 年，英译者标注有误——中译者注）。
⑤ 公元前 245 年。

1.15. 接着，在汉尼拔驻兵意大利期间，以及在他撤军后的那几年中，罗马人没有时间去建立殖民地，因为在战时，他们不得不四处征兵，而不是让士兵们退伍，而且在战争结束后，罗马城也需要休养生息和生聚人口而不是输出人口。但是，大约在二百一十七年前，即曼利乌斯·沃尔索(Manlius Volso)和弗尔维乌斯·诺比利奥尔(Fulvius Nobilior)担任执政官的那一年①，罗马人在博诺尼亚(Bononia)建立了殖民地，四年后又前往比萨乌卢姆(Pisaurum)和珀坦提阿(Potentia)殖民，三年后又前往阿奎累阿(Aquileia)和格拉维斯卡(Gravisca)殖民，又过了四年，在卢卡(Luca)建立了殖民地。大约在同一时期，即一百八十五年前(尽管有人质疑具体年份)，罗马人前往普特奥利(Puteoli)、萨勒尔努姆(Salernum)、布克先图姆(Buxentum)以及皮凯努姆(Picenum)的奥克西穆姆(Auximum)殖民。三年后，监察官卡西乌斯(Cassius)于卢柏克节(Lupercal)当天，在帕拉丁山对面开始建造一座剧院。但是，这个国家闻名于世的简朴之风和执政官西庇阿(Scipio)成功地阻止了卡西乌斯的建造计划。我认为这件事最清楚地表明了当时人们的态度。在卡西乌斯·朗基努斯(Cassius Longinus)和塞克斯提乌斯·卡尔维努斯(Sextius Calvinus)担任执政官期间②——塞克斯提乌斯曾在一片水域击败萨卢俄斯(Sallues)，这片水域根据塞克斯提乌斯的名字改名为亚奎-塞克斯太(Aquae Sextiae，意为"六水河"——中译者注)——即距今约一百五十三年前，罗马人在法布拉特里阿(Fabrateria)建立殖民地，翌年又在斯考拉奇乌姆-密涅维乌姆(Scolacium Minervium)、塔伦图姆-尼普顿尼阿(Tarentum Neptunia)和阿非利加的迦太基建立殖民地——如前所述，迦太基是在意大利境外建立的第一个殖民地。关于德尔托纳(Dertona)建立的年份，迄今仍无定论。在高卢的纳尔波-玛尔提乌斯(Narbo Martius)

---

① 公元前 244 年。
② 公元前 124 年。

建立殖民地的时间，大约是一百四十六年前，即珀尔奇乌斯（Porcius）和玛尔奇乌斯（Marcius）担任执政官的那一年①。十八年后，罗马人在位于巴吉恩尼（Bagienni）郊外的厄珀勒狄阿（Eporedia）建立殖民地，在那一年②，马略（Marius）和瓦莱利乌斯·弗拉库斯（Valerius Flaccus）担任执政官，而且马略已是第六次担任执政官了。

在这一年之后建立的殖民地（除了军事殖民地）难以尽述。

1.16. 然而，接下来的这一部分内容好像超出了我的写作计划，而且虽然我意识到在这匆匆的叙述中——这叙述就像旋转的轮子或者水势迅疾、卷起旋涡的溪水，使得我无法搁笔——我几乎不得不省去那些基本的重要事件，而不是涵括那些不必要的细节，但是我忍不住要去提及那个经常占据我的脑海，却从未被说清的主题。有什么比这更令人惊讶呢：在人类取得成就的每个领域中，那些最杰出的思想恰好采用同一种方式呈现，或者挤在一段短短的时间内涌现；就像不同种类的动物，即便被关在同一个围栏或其他围场中，它们还是疏远异类而和同类相聚；和动物一样，那些有能力在各个领域中获得杰出成就的才智之士也通过从事同样的事业，与同时期的其他人区分开来。仅仅一个时代，甚至只是为期数年，通过三位拥有神圣灵感的人，即埃斯库罗斯（Aeschylus）、索福克勒斯（Sophocles）和欧里庇得斯（Euripides），悲剧便绽放光芒。同样仅仅一个时代，经克拉提努斯（Cratinus）、阿里斯托芬（Aristophanes）和欧波利斯（Eupolis）之手，喜剧的早期形式，即旧喜剧便发展到完美的地步；而米南德（Menander），以及腓力门（Philemon）和狄菲洛斯（Diphilus）——后两位与其说与米南德在戏剧表演上水平相当，倒不如说生活在同一时代——在一段很短的时期内发明了新喜剧，并且让别人难以模仿。同样，那些从苏格拉

43

------

① 公元前 118 年。
② 公元前 100 年。

底（Socrates）的口中得到灵感的伟大的哲学家们——我们之前提到过他们的名字①——在柏拉图（Plato）和亚里士多德（Aristotle）去世后，活跃了多久呢？在伊索克拉底（Isocrates）生活的时代之前，在他的学生辈以及徒孙辈生活的时代之后，还有哪些著名的演说家呢？如此多的名人在那短暂的时代里涌现，以至于任何两个值得提及的名人都有可能彼此见过。

1.17. 这种现象在罗马人中间有所体现，亦如在希腊人中。除非有人追溯至粗陋质野的草创期，追溯至那些只能自诩为先行者的人，那么罗马的悲剧是在阿克齐乌斯（Accius）的笔下到达巅峰的；拉丁幽默中的美妙欢悦②实际上也是在同一时代的凯奇利乌斯（Caecilius）、泰伦提乌斯（Terentius）和阿弗拉尼乌斯（Afranius）的手中臻于极致。在历史学家那里亦是如此。如果有人将李维（Livy）算进旧作家的时代，那么这批人——除了加图和一些老的、鲜为人知的作家——都生活在一个长度不超过八十年的时代。而那个盛产诗人的年代也与此重合，既不更早，也不更晚。散文中纯熟的修辞术使得演说术、辩论术日臻完美。如果我们再次忽略加图——我在论述这个内容时，对普布利乌斯·克拉苏（Publius Crassus）、西庇阿、莱利乌斯（Laelius）、格拉古兄弟（Gracchi）、凡尼乌斯（Fannius）和塞尔维乌斯·伽尔巴（Servius Galba）怀着应有的敬意——那么我要说，修辞学由于西塞罗（Cicero），这位最著名的修辞家，在它所有的分支领域都达到极致，以至于人们在读西塞罗之前的作家——除非这个作家曾见过西塞罗，

45

---

① 由于在现存的文本中，这些人的名字并没有出现，我们只能猜测它们被记录在散佚的那部分文本中。

② 维勒乌斯在这里指的是拉丁喜剧。有人可能会怀疑为什么这里的戏剧作家名单中没有普劳图斯（Plautus）。是普劳图斯的名字从文本中脱漏了，还是维勒乌斯沿袭了贺拉斯（Horace）在《诗艺》（Ars Poetica）第 270 行中表现出的奥古斯都时代的传统？（贺拉斯在《诗艺》中不赞成普劳图斯的喜剧——中译者注）

或被西塞罗见过——的作品时，都感觉不到欣悦，也难以对他们心生钦慕。如果有人继续探究这一时代，就会发现同样的事情适用于文法家、陶艺家、画家、雕塑家，会发现在文化发展的每一阶段，卓越的成就都被限定在极窄小的时间范围内。

虽然我经常探求，为什么有着类似天赋的人们会集中地出现在某一特定的时期，为什么这些人不仅一起追求同样的领域，而且取得了相似的成功，但是我没有找到确信无疑的答案，即便我找到了一些或许可靠的答案，尤其是以下的答案。才华是靠竞争培养的，它时而变成嫉妒，时而变成能够激发模仿的钦慕之情，并且在万物的本质中，凡是那些被最高涨的热情培养的，都能达到最完美的程度。但是想要保持最完美的状态非常困难，而且不进则退是很自然的。正如我们一开始被雄心激起，要去超越被我们视作榜样的人那样，当我们已经无望超过甚至与他们并驾齐驱时，热情就会与希望一起退去；它会让我们停止追求那些我们无法超越的目标，并且在放弃似乎尝试过的旧领 *47* 域同时，转而寻求新的。我们往往会避开那些我们无法出彩的领域，转而追寻某一新的奋斗目标。因此，不论从事何种工作，在我们通向完美的道路上，最大的障碍是浮躁易变，不停地为其他事务所扰而止步。

1.18. 现在，我们将对时代的惊叹与钦慕之情转移到一座座城市中去。仅阿提卡一座城市产出的各种关于雄辩的杰作，就比希腊其他所有地区产出的还要多——事实上，从这个角度上讲，所有人都会认为，虽然大部分希腊人散布在阿提卡之外的众邦之中，但他们中最有才华的人都在雅典的城墙之内。如果在阿尔戈斯人（Argive）、忒拜人（Theban）和拉栖戴梦人中，有一人在生前因雄辩而获得了巨大的荣耀，或在死后获得不朽的名声，那么我认为没有什么比这个更令人诧异的了。这些城邦虽然在其他方面声名卓著，却是文学的荒漠——唯一的例外是品达（Pindar）的歌声赋予忒拜（Thebes）的荣光；至于阿尔克曼（Alcman），拉科尼亚人（Laconian）则谎称他出生在拉科尼亚。

维勒乌斯·帕泰尔库鲁斯(C. Velleius Paterculus)所著

《罗马史纲》(*The Roman History*)

献给执政官维尼奇乌斯(M. Vinicius)

卷　Ⅱ

2.1. 第一位西庇阿为罗马开辟了通往世界霸权的道路，第二位西庇阿则开辟了通往侈靡腐化的道路。① 因为，罗马在摆脱了对迦太基的恐惧，扫清了帝国内的全部敌人后，美德之路便因为那条堕落之路而迅速地而不是一点点地被抛弃。古老的风纪废弛，由新的风纪取代。整个国家的状态从原来的忧患戒备变成了麻木松懈，风气从原来的崇尚勇武变成了贪图享乐，从生气勃勃变成了慵懒怠惰。正是在这个时候，西庇阿·纳西卡(Scipio Nasica)柱廊以及前面提到过的梅特卢斯柱廊在卡皮托林山(Capitol)落成，格奈乌斯·屋大维(Gnaeus Octavius)柱廊，这条当时最华丽的柱廊在竞技场(Circus)落成。随着公共领域的铺张之风盛行，私人生活中的奢侈之风也迅速兴起。

紧接着，爆发了一场给罗马带来灾难和耻辱的战争，即在西班牙对游击军首领维利阿图斯(Viriathus)的作战。② 在这场战争中，时运

① 大西庇阿于公元前 202 年在扎马战役中击败迦太基人，结束了第二次布匿战争；小西庇阿于公元前 146 年摧毁了迦太基。

② 这场战争开始于公元前 148 年，结束于公元前 140 年罗马人用计谋杀害了维利阿图斯。

不停地变化并且更多地对罗马人不利。就在塞尔维利乌斯·凯皮奥（Servilius Caepio）靠诈术而不是勇猛杀死了维利阿图斯时，在努曼提亚（Numantia）爆发了一场形势更为严峻的战争。虽然努曼提亚城最多只能武装起一万人的军队，但不论是因为她的士兵英勇善战，还是因为我方士兵没有经验，还仅仅是因为机运对她的仁慈，她都迫使其他的将军们，以及在当时声名显赫的庞培（Pompeius）——他是他们家族中第一个担任执政官的人①——第一次签订了屈辱的协定，并且迫使曼奇努斯·霍斯提利乌斯（Mancinus Hostilius）②签订了一份同样卑鄙、可恶的协定。然而，庞培凭借自己的权势逃脱了惩罚。至于曼奇努斯，他在耻辱心的驱使下——正因为心有歉疚，所以没有想过逃避惩罚——赤身裸体，双手被缚在背后，被外事祭司团③交给了敌人。然而，努曼提亚人（Numantine）拒绝接收他，而是效法萨姆尼特人之前在考狄乌姆（Caudium）的做法④，声称一个民族犯下的背信弃义的罪行不应由某一个人的血来抵偿。 *51*

2.2. 曼奇努斯的投降令罗马举国哗然。提比略·格拉古（Tiberius Gracchus）——著名而杰出的公民提比略·格拉古之子、西庇阿·阿非利加努斯的外孙——曾在曼奇努斯的军队中担任财务官，并负责与敌人谈判。他由于自己签订的每一项条款竟然都被否决了而心生愤慨，而且由于害怕类似的审判和惩罚危及自身，因此参选了保民官。他为人正直清白，才能出众，意正心诚，概言之，被赋予了最高

---

① 昆图斯·庞培（Quintus Pompeius）是公元前141年的执政官。次年，他被迫与敌人签订协议，但这一协议遭到了元老院的否决。

② 盖乌斯·霍斯提利乌斯·曼奇努斯是公元前137年的执政官。他于公元前136年与努曼提亚人签订协议。

③ 这些祭司负责维持外交关系的形式以及签订条约。

④ 公元前321年，萨姆尼特人在考狄乌姆峡谷（又译作"卡夫丁峡谷"——中译者注）诱捕了执政官提图斯·维图利乌斯·卡尔维努斯（Titus Veturius Calvinus）和斯普利乌斯·珀斯图米乌斯（Spurius Postumius），迫使他们签订协约，但这一协约随后被元老院否决。

的美德——一个拥有良好秉性和后天训练的人才能拥有它们。在普布利乌斯·穆奇乌斯·斯凯沃拉（Publius Mucius Scaevola）和卢奇乌斯·卡尔普尼乌斯（Lucius Calpurnius）担任执政官的那一年①，即一百六十二年前，提比略·格拉古与贵族派决裂，许诺要将罗马公民权授予全体意大利人，与此同时，又提出了一系列土地法案，要求立即实行，结果使得整个国家陷入混乱，落入生死攸关、极其危险的境地。他剥夺了他的同僚屋大维——这位捍卫罗马国家利益的人——的权力，任命一个三人委员会负责分配土地和建立殖民地的事务。除了提比略·格拉古自己，组成委员会的还有他的岳父、前执政官阿匹乌斯（Appius），以及他的弟弟、当时还很年轻的盖乌斯（Gaius）。

2.3. 就在这危急关头，普布利乌斯·西庇阿·纳西卡（Publius Scipio Nasica）挺身而出。他的祖父西庇阿②曾被元老院宣布为最杰出的罗马公民；其父西庇阿曾于监察官任内在卡皮托林山上修建柱廊；他的曾祖父盖乌斯·西庇阿（Gaius Scipio）是一位卓越的人物，是普布利乌斯·西庇阿·阿非利加努斯的叔父。纳西卡虽是提比略·格拉古的表兄弟，却将国家利益置于血缘亲情之上。凡是于公共福祉无益的一切行为，他都将其视作对自身利益的侵犯。这种品质使其获得了这样的殊荣，即成为首位在缺席情况下被选为大祭司长的罗马人。他在此时尚未担任公职，且身着托袈。他将托袈的褶层盖在左前臂上，来到卡皮托林山最高的台阶上，召唤那些因渴求国家安定而追随他的人。当时贵族派、元老院和骑士阶层中的多数的、更优秀的人，以及那些还没有被歪理邪说毒害的民众都朝格拉古赶来，而他正在卡皮托林山，与支持者站在一起，向来自意大利各地的人们慷慨陈词。当格拉古沿卡

①　即公元前 133 年。

②　即普布利乌斯·科尔涅利乌斯·西庇阿·纳西卡（Publius Cornelius Scipio Nasica），公元前 191 年的执政官，李维记作公元前 204 年。他虽然还没到担任财务官的合法年龄，却被元老院宣布为罗马最杰出的公民，并被指派前去迎接被带回罗马的大母神的神像。

皮托林山的台阶向下逃跑时，他被一块长凳的碎块击中，不幸英年殒命，结束了那本可能光荣显赫的一生。这是罗马公民自相残杀、拔剑相向的开始。自此以后，正义被强力所践踏，最有权势的人在国家里作威作福，曾经通过友好契约消弭的公民间的纷争从此依靠武力解决；人们发动战争也不再为了正义的事业，而是为了其中的利益。我们不必对此感到惊讶。因为不论先例（*exempla*）进入的路有多么狭窄，它们都不会在开始处停止，而是会为自己开辟一条可以无限驰骋的大道。当正义的道路一旦被抛弃，人们便会慌忙地一头扎进邪辟的道路。对于别人已尝到好处的道路，没有人会认为追随它是可耻的。

2.4. 就在意大利发生这些事件时，阿塔卢斯（Attalus）国王驾崩了。① 他在临终时立下遗嘱，要将亚细亚赠予罗马人民，就像之后尼科美德斯（Nicomedes）将比提尼亚（Bithynia）赠予罗马人民一样。但是，冒称自己有王室血统的阿里斯托尼库斯（Aristonicus）强占了这个省。阿里斯托尼库斯为玛尔库斯·珀尔派恩纳（Marcus Perpenna）所败，之后被押解在玛尼乌斯·阿奎利乌斯（Manius Aquilius）的凯旋式中。他之所以被处死，正是因为他在战争一开始，就杀死了著名的法官、亚细亚省总督克拉苏·穆奇阿努斯（Crassus Mucianus），而当时穆奇阿努斯正在离开行省的路上。

在罗马人于努曼提亚历经所有的失败后，普布利乌斯·西庇阿·阿非利加努斯·埃米利阿努斯，这位毁灭迦太基的将领二度当选执政官②，之后被派往西班牙。在那里，他巩固了曾在阿非利加赢得的好运与勇敢的名望。在到达西班牙一年零三个月后，他在努曼提亚城四周修造围城工事，最终将其摧毁并夷为平地。③ 在他之前，各民

55

---

① 公元前 133 年。

② 公元前 134 年。

③ 公元前 133 年。

族中从未有人凭借比这更辉煌的灭城功绩而获得不朽的名声。因为，通过毁灭迦太基和努曼提亚，西庇阿解放了我们：毁灭其中的一个解除了我们内心中的恐惧，毁灭另一个则洗刷了我们名声上的耻辱。当保民官卡波（Carbo）问这位西庇阿如何看待提比略·格拉古之死时，他回答道，如果格拉古的目的是掌握共和国的权力，那么杀死他就是正当的。当大批民众高声疾呼时，他说："我这个听了这么多次敌军叫阵而从未畏惧的人，怎么会被像你们这样的人，一群只是将意大利视作继母的人所撼动？"西庇阿回到罗马后不久，在玛尼乌斯·阿奎利乌斯和盖乌斯·塞姆普罗尼乌斯（Gaius Sempronius）担任执政官的那一年①，即一百六十年前，这位曾担任过两任执政官、举行过两次凯旋式、摧毁过两座曾给其祖国带来恐惧的城市的人，于一天清晨被发现死在了床上，而且喉咙上似乎有勒绞的痕迹。虽然他是个伟人，但人们没有对他验尸以查明死因。他的尸身在被送进墓中时是被蒙着头的②，但这具尸身的贡献却使得罗马昂起头来，傲视世界。不论他的死是像大多数人所认为的，是出于自然原因，还是像历史学家们所说的，是死于阴谋，他的一生都取得了许多辉煌的业绩——直到他生活的时代为止，除了其祖父③，无人超越他那赫赫的战功。西庇阿享寿五十六岁。如果有人对此表示怀疑，那么就请他想一想，西庇阿在第一次当选执政官时才三十八岁，这样，他就会消除疑虑了。

2.5. 甚至在毁灭努曼提亚之前，德西穆斯·布鲁图斯（Decimus Brutus）就在西班牙的一场战役中取得了辉煌的胜利。他率军击败了

---

① 公元前129年。
② 将尸体的头蒙住本无特别稀奇之处，参见奥莱利乌斯·维克多（Aurelius Victor）的《诸凯撒史摘要》（*Epitome De Caesaribus*）58中的"蒙头葬礼"（*obvoluto capite elatus est*）。维勒乌斯这里明显在力求词汇修辞效果，即对比"蒙着头"（*velato capite*）和"昂起头"（*extulerat caput*），说实话，有些做作了。
③ 即在扎马取得胜利的大西庇阿。

西班牙的所有部族，俘获了大量人口，占领了许多城市，并且将战争
扩展到当时人们几乎闻所未闻的地区，以此为自己赢得了荣名"伽莱
库斯"（Gallaecus）①。

　　同样是在这片土地上，若干年前，身为将领的昆图斯·马其顿尼
库斯（Quintus Macedonicus）以治军严明而著称。例如，在对一个名为
康特雷比阿（Contrebia）的西班牙小城发起进攻时，他命令从一座陡崖
上败退的五个兵团的步兵立即再次冲上去。虽然士兵们都在战场上立
下遗嘱，犹如准备赴死，但马其顿尼库斯并没有因此动摇，而是在战
斗结束后欢迎那些被他送去赴死的士兵胜利归来。这就是与恐惧心交
织的羞耻心和从绝望中生出的希望的效果。在这场胜利中，马其顿尼
库斯所表现出的勇毅之风，为他在西班牙赢得了不朽的名声；另一方
面，法比乌斯·埃米利阿努斯（Fabius Aemilianus）效法鲍卢斯（Pau-
lus），以严明的纪律治军，也赢得了不朽的名声。

　　2.6. 过了十年，曾经控制了提比略·格拉古的疯狂当时又降临在
其弟盖乌斯身上。盖乌斯和他的兄长一样，既有一般的美德，也有勃
勃的野心，但在能力和辩才方面远胜提比略。假如盖乌斯能够头脑冷
静，那么他本可能会成为罗马的头号政治人物。但是，不论他的目的
是为兄复仇，还是铺设一条通向王权的道路，他都遵循着提比略设定
的先例，走上了担任保民官的道路。② 然而，他的目标远比提比略的
有野心，也更偏激。他打算授予全体意大利人以罗马公民权，将授予
的范围几乎延伸至阿尔卑斯山（Alps）脚下的民族；他分配公有土地，

---

　　① 这一荣名的获得缘于他部分地征服了伽莱奇人（*Gallaeci*）。这个分布于塔拉科西班
牙行省（Hispania Tarraconensis）的民族居住在今日的加利西亚（Galicia）和葡萄牙的部分
地区。

　　② 公元前 123 年。

61 并重申李锡尼法的规定①，限制每位公民拥有的土地数不得超过五百犹格；他设立新的关税；在各省建立新殖民地；将一些司法大权从元老院移交至骑士阶层；开始实施将谷物分配给民众的政策。在他的改革下，没有什么不被搅动，没有什么不被触及，没有什么不被干扰，总之，没有什么保持原样。此外，他在第二个任期内继续推行自己的改革。

执政官卢奇乌斯·奥皮米乌斯（Lucius Opimius）——他曾在担任大法官期间摧毁了福莱格雷城（Fregellae）——与手持武器的人们追赶格拉古，并最终杀了他。② 遇害的还有弗尔维乌斯·弗拉库斯（Fulvius Flaccus），此人曾经担任过执政官，获得过一次凯旋式，却在当时心怀同样扭曲的野心。盖乌斯任命弗拉库斯为土地委员会的三委员之一，以取代其兄提比略的位置，让他参与了其称王的计划。奥皮米乌斯的做法在这方面令人憎恶，即悬赏取得那个人的头颅——我不愿说是一位姓格拉古之人的，而想说是一位罗马公民的——并且许诺说会支付黄金。弗拉库斯与自己的长子一起在阿芬丁山（Aventine）遇害，当时他正召集全副武装的支持者参加战斗。就在被奥皮米乌斯的密使逮捕时，逃亡中的格拉古让奴隶尤珀卢斯（Euporus）挥剑砍向他的颈项。之后，尤珀卢斯就像杀死他的主人那样迅速地结束了自己的性命。就在同一天，一位名为庞珀尼乌斯（Pomponius）的罗马骑士表现出了对格拉古的耿耿忠心。他在桥上挡住敌人后，就像考克勒斯（Co-

63 cles）③那样自刎而死。盖乌斯的尸体同此前提比略的尸体一样，被胜利者——他们都惨无人道得令人不可思议——扔进台伯河（Tiber）中。

---

① 这项对每位公民拥有公地（*ager publicus*）数额的限制，是公元前 375 年由保民官李锡尼乌斯（C. Licinius Stolo）起草的众平民法规（*rogationes*）之一。在经过与贵族十年的不懈斗争后，这些法规最终于公元前 365 年通过。

② 公元前 121 年。

③ 即那位著名的荷拉提乌斯（Horatius），他曾独自抵御珀尔森那（Porsenna）的军队，以保卫通向罗马的桥梁。

2.7. 这就是(老)提比略·格拉古的两个儿子和普布利乌斯·西庇阿·阿非利加努斯的两个外孙的生平与死亡。他们的母亲、阿非利加努斯之女科尔涅莉娅(Cornelia)尚在人世之时便目睹了他们的死亡。他们错误地施展了自己出众的才能。倘若他们渴求那些公民本可以通过合法途径获得的荣誉，那么对于他们试图通过非法煽动获得的一切，国家本可以通过和平的手段授予他们。

在这暴行之外，还发生了一桩前所未有的罪行。弗尔维乌斯·弗拉库斯之子，这位极其俊美、尚未满十八岁的年轻人绝没有参与其父的行动，却在奉父命前去谈判时被奥皮米乌斯所害。一位埃特鲁里亚的预言家是他的朋友，看到他被拖走后，便对着监狱哭泣，对他说道："你为何不愿像我这样做？"说罢，便一头撞向监狱的石门，脑浆迸裂，以此终结了性命。

直接针对格拉古兄弟的朋友们和追随者们的严厉追查接踵而至。但是，当奥皮米乌斯，这位在其余的生涯中品格优秀、品行端正的人在后来被公审时，由于公民们回想起他在杀害格拉古时犯下的残忍罪行，因此法庭对他的定罪并没有唤起公民们对他的同情。执政官卢皮利乌斯(Rupilius)和珀皮利乌斯(Popilius)①曾用极严苛的手段起诉提比略·格拉古的朋友们，这在日后他们的公审上，理所当然地遭到了同样的普遍反对。

在此，我要插叙一件与这些重要的事件几乎无关的事。著名的奥皮米葡萄酒(Opimian wine)正是得名于这位奥皮米乌斯的执政官任期。但是随着时间的流逝——从奥皮米乌斯担任执政官到您，玛尔库斯·维尼奇乌斯担任执政官，中间相隔了一百五十年——这种酒如今已失传了。

奥皮米乌斯的所作所为遭到了更加激烈的反对，因为他的做法是试图报私仇，而且当时的人们更多地认为他的复仇是发泄私人的愤

---

① 公元前 132 年执政官。

恨，而不是捍卫国家的权利。

在格拉古所立的诸多法律中，我认为最有害的就是关于在意大利之外建立殖民地的法律。之前的罗马人都小心翼翼地避开了这项政策。因为，他们看见了迦太基比推罗、马西利亚（Massilia）比福凯亚、叙拉古（Syracuse）比科林斯、库济库斯（Cyzicus）和拜占庭（Byzantium）比米利都要强大多少——总之，这些殖民地都比它们的母邦强大——而且只有将各行省的罗马公民召回意大利，他们的名字才有可能被登记在户口清单上。罗马人在意大利之外建立的第一个殖民地是迦太基。① 不久之后，在珀尔奇乌斯（Porcius）和玛尔奇乌斯（Marcius）担任执政官的那一年，纳尔波-玛尔提乌斯殖民地建成。②

2.8. 接下来，我必须记述法庭对盖乌斯·加图（Gaius Cato）的严厉指控。法庭指控他——这位前执政官、玛尔库斯·加图的孙子、阿非利加努斯的外甥——在马其顿敲诈勒索，尽管指控他的涉案金额只有四千塞斯退斯③。但是，在那一天，法官们更看重这个犯人的动机而不是罪行的大小，因为他们量刑的标准是犯罪动机和罪行性质，而非犯罪程度。

大约与此同时，玛尔库斯·梅特卢斯（Marcus Metellus）和盖乌斯·梅特卢斯（Gaius Metellus）兄弟在同一天庆祝他们的凯旋式。与这一巧合同样有名且迄今依旧是唯一一例的巧事，是弗尔维乌斯·弗拉库斯（Fulvius Flaccus）——他曾是征服卡普阿的将领——的两个儿子同时担任执政官。④ 但是其中的一个儿子已经过继给阿奇狄努斯·曼利乌斯（Acidinus Manlius）家。至于担任监察官的两位梅特卢

---

① 迦太基的殖民地建于公元前 122 年，名为 *Colonia Iunonia*.

② 建城的时间为公元前 118 年，地点位于今天的纳博讷（Narbonne）。纳博讷之名即源自纳尔波-玛尔提乌斯。

③ 如果文本无误，即略少于四十英镑。

④ 公元前 179 年。

斯，他们是堂兄弟而不是亲兄弟。这种巧事以前只出现在西庇阿家族。①

就在此时，辛布里人（Cimbri）和条顿人（Teuton）越过了莱茵河（Rhine）。这些民族不久便因为我们彼此施加给对方的灾难而闻名。大约与此同时②，罗马为米努奇乌斯（Minucius）战胜斯科尔狄斯奇人（Scordisci）举行了著名的凯旋式。米努奇乌斯修建的柱廊甚至到今日仍闻名于世。

2.9. 这一时期涌现了杰出的演说家西庇阿·埃米利阿努斯、莱利乌斯、塞尔维乌斯·伽尔巴、格拉古兄弟、盖乌斯·凡尼乌斯（Gaius Fannius）以及卡波·帕皮利乌斯（Carbo Papirius）。在这个名单中，我们不应忽略梅特卢斯·努米底库斯（Metellus Numidicus）和斯考卢斯（Scaurus），尤其是卢奇乌斯·克拉苏（Lucius Crassus）和玛尔库斯·安东尼乌斯（Marcus Antonius）。随后，又有在才能上不逊于前辈的盖乌斯·凯撒·斯特拉波（Gaius Caesar Strabo）和普布利乌斯·苏尔皮奇乌斯（Publius Sulpicius）。至于昆图斯·穆奇乌斯（Quintus Mucius），严格地说，他出名更多的是由于他在法学方面渊博的学识而非雄辩之才。

在这一时期，还有一些才华四溢之人成就卓著：阿弗拉尼乌斯创 *69* 作了本民族的喜剧。在本民族的悲剧方面有帕库维乌斯（Pacuvius）和阿克齐乌斯。后者甚至可以与希腊人的天赋媲美，能够在充斥着希腊作品的文学世界中，为自己的作品赢得显赫的地位。两种戏剧的区别在于：虽然希腊人的看起来更加优雅，但阿克齐乌斯的看起来更有血

---

① 维勒乌斯脑海中想的或许是普布利乌斯和玛尔库斯·西庇阿于公元前 213 年担任的营造官之职。这一点曾在波利比乌斯《历史》10.4 中有所提及。因此有的编者认为拉丁文本中脱漏了 *aedilibus*（任营造官）或 *in aedilitate*（在营造官任期内），但这大可不必。作者想到的仅仅是担任同僚的兄弟。

② 公元前 108 年。

气。卢奇利乌斯(Lucilius)也身负名望。身为骑士的他曾在普布利乌斯·阿非利加努斯麾下参加努曼提亚战争。这时，朱古达(Jugurtha)和马略，这两个当时还很年轻的人都在同一位阿非利加努斯手下效力，在同一个军营里接受训练——日后，他们注定要成为战场上的对手①。就在这时，《历史》的作者锡塞纳(Sisenna)还是个年轻人。许多年后，他那关于内战和苏拉(Sulla)的战争的作品问世，而这时的他相对而言已经是个老人了。凯利乌斯(Caelius)比锡塞纳年长，与卢提利乌斯(Rutilius)、克劳狄乌斯·夸德利加利乌斯(Claudius Quadrigarius)和瓦莱利乌斯·安提阿斯(Valerius Antias)处于同一时代。我们不应忘记，庞珀尼乌斯(Pomponius)生活在这一时期。他以其作品的主题闻名于世——尽管风格还显得有些粗糙——而且其创造的新作品的种类值得我们注意。②

2.10. 下面我要讲述监察官卡西乌斯·朗基努斯(Cassius Longinus)和凯皮奥(Caepio)③的严明。他们曾传唤占兆官雷必达·埃米利乌斯(Lepidus Aemilius)，理由是他曾用六千塞斯退斯④租了一栋房子。这件事发生在一百五十三年前。如今，假如有谁用如此低的价格得到一栋房子，人们肯定不敢相信此人是一位元老。就这样，人们的本性从正常变得不正常，从不正常变得邪恶，从邪恶堕入腐化奢侈的深渊。

在同一时期⑤，罗马人取得了著名的大捷，即多弥提乌斯(Domitius)战胜了阿沃尼人(Arverni)，法比乌斯(Fabius)战胜了阿罗波洛奇

---

① 作者指的是朱古达战争。
② 指阿泰拉纳笑剧(*Fabulae Atellanae* 或者 *Atellan Farce*)。即便不是首创者，他也是第一个给这些笑剧以文学形式的人。
③ 公元前125年的监察官。
④ 略多于五十英镑。
⑤ 公元前122年。

人(Allobroges)。鲍卢斯之孙法比乌斯得到了"阿罗波洛奇库斯"(Allo-brogicus)的荣名，以纪念他的胜利。我还必须记述那使得多弥提乌斯家族卓尔不群的奇特命运——这个家族因人口较少而显得更加杰出。在现在的格奈乌斯·多弥提乌斯(Gnaeus Domitius)之前，有七位多弥提乌斯，他们都是独子，却都做到了执政官和祭司的职位，几乎都获得过凯旋的荣誉。

2.11. 接下来，朱古达战争爆发。担任罗马军队统帅的是当时不逊于任何人的昆图斯·梅特卢斯(Quintus Metellus)①；担任副将的是之前曾提到的盖乌斯·马略，他出身乡村，性格粗野，生活朴素。正如在战争时期，他是一位杰出的将领；在和平时期，他又是一个恶极的罪人。他野心无限，贪得无厌而不知自制，总是成为破坏国家稳定的因素。他利用包税人和其他在阿非利加的商人散布关于梅特卢斯——他当时正在将战争拖到第三个年头——拖延战事的消息，指控他有贵族的傲慢习气且迷恋军权。得到短暂的休假后，马略回到罗马。在那里，他成功地当选执政官，获得了这场战争的主要指挥权②，尽管梅特卢斯已经两次击败朱古达并实际上结束了战争。梅特卢斯的凯旋依然辉煌。他凭借自己的英勇，赢得了"努米底库斯"(Numidi-cus)的荣名。就像我不久前曾论及多弥提乌斯家族的荣耀一样，现在让我谈谈凯奇利乌斯家族的荣耀。就在这一时期，梅特卢斯家族，即凯奇利乌斯家族的族人在大约十二年内超过十二次获得担任执政官、监察官或者举办凯旋式的荣耀。很明显，就像众多的城市和帝国的机运一样，家族兴旺、败落和消亡的机运也是如此。

2.12. 在这时，盖乌斯·马略甚至让卢奇乌斯·苏拉(Lucius Sulla)

①　公元前 109—前 108 年。
②　公元前 107 年。

担任他的军事财务官,似乎命运(*fatum*)正在极力阻止之后的事件。①他将苏拉派往鲍库斯(Bocchus)国王那里,并通过他俘获了朱古达。这件事发生在一百三十四年前。马略返回罗马时,已第二次受命担任执政官,并且于一月一日②,在第二次担任执政官的就职典礼上,押解着朱古达行进在凯旋式中。正如我之前提到过的③,自从名为"辛布里"和"条顿"的大型日耳曼人(German)部落在高卢打败并击溃了执政官凯皮奥和曼利乌斯④——就像在这之前击溃了卡波(Carbo)⑤和西拉努斯(Silanus)⑥一样,粉碎了他们的军队,杀死了前执政官斯考卢斯·奥莱利乌斯(Scaurus Aurelius)和许多显贵——罗马人就认为,没有哪位将领比马略更有能力去战胜那些强大的敌人。之后,他的执政官任期一届接着一届。第三个任期主要耗在了准备这场战争上。在这一年⑦,保民官格奈乌斯·多弥提乌斯(Gnaeus Domitius)通过了一项法律,规定之前由祭司团选举的祭司改由人民选举。在第四个执政官任期内⑧,马略在阿尔卑斯山以北的亚奎-塞克斯太附近与条顿人作战。在作战当天及之后的数天内,马略击杀了超过十五万的条顿人,灭亡了这个民族。在他第五个执政官任期内⑨,执政官本人和当地总督昆图斯·卢塔提乌斯·卡图卢斯(Quintus Lutatius Catulus)在山南的劳狄亚平原(Raudian Plain)取得了一场大捷,俘虏和击杀敌军十万余人。通过这场胜利,马略好像从自己的祖国那里获得了某种补

75

---

① 拉丁原文 *Praecaventibus fatis* 可以有多种解释。克劳塞(Krause)认为其意为"命运正试图阻止这两个人(马略和苏拉)日后的敌对和不和"。克里茨(Kritz)认为其意为"命运在提前警告马略,苏拉注定会成为他接下来的敌人"。我认为克里茨的解释不对。

② 公元前 104 年。

③ 参见 2.8。

④ 公元前 105 年。

⑤ 公元前 113 年。

⑥ 公元前 109 年。

⑦ 公元前 104 年。

⑧ 公元前 102 年。

⑨ 公元前 101 年。

偿——即不应计较他那低微的出身——并且用功勋弥补了自己的缺陷。第六任执政官的任期①是对他功绩的奖赏。然而，他不应该被剥夺这一任期的荣耀，因为就在这一任期内，身为执政官的他用武力镇压了塞尔维利乌斯·格劳齐阿(Servilius Glaucia)和萨图尔尼努斯·阿普勒乌斯(Saturninus Apuleius)的疯狂行为——这些人通过连任职务践踏罗马的政制②，用武装的暴力和流血破坏选举——然后在元老院会堂(Curia Hostilia)处死了这些危险分子。

2.13. 若干年后，玛尔库斯·李维乌斯·德鲁苏斯(Marcus Livius Drusus)当选保民官。③ 他拥有显赫的出身、雄辩的才能和正直的一生。但是，在他的所有作为中，他的成功与他的才能或美好的意图并不相符。他的意图是恢复元老院古老的威望，将掌控法庭的权力再次从骑士阶层转移到元老阶层。骑士们通过格拉古的立法④获得了这项特权，之后严厉地审讯了许多确实清白的名人，特别是以勒索罪的罪名对普布利乌斯·卢提利乌斯(Publius Rutilius)——这位不仅是那个年代，而且是历史上最杰出的人物之一——加以审讯并判刑，令所有公民感到无比的悲愤。但是，李维乌斯恰恰是在推行代表元老院利益的议案时，遭到了元老院的反对。他也曾代表民众的利益推动过一些小议案。实际上，这些议案都是诱饵和小贿赂，以便让人民得到更小的让步后赞同那些更重要的议案。元老院却对此看不明白。最后，德鲁苏斯(Drusus)不幸地发现，元老们赞同了他的同僚们提出的那些不利于元老院的议案，却反对他的议案——尽管它们很出色；他欲给元老院以尊严，对方却弃之不顾；他的同僚们要削弱元老院的权威，

77

---

① 公元前100年。

② 萨图尔尼努斯第三次被选举为保民官；格劳齐阿是大法官，并且渴望获得执政官之职。

③ 公元前91年。

④ 参见2.6。

后者却心甘情愿地接受。因为，元老们能够容忍他的同僚们的平庸，却对他的才华投以嫉妒的目光。

2.14. 由于自己制订的出色计划如此不顺，德鲁苏斯便将精力转移到授予意大利人以罗马公民权一事上。就在他为此事奔走呼号，被庞大、杂乱的人群包围着——这些人经常追随他——从讲坛返回家中时，他在自己的住宅前被刺伤，并于几小时后死去，而刺客还将凶器留在他的身旁。在弥留之际，他凝望着那些围在他身边哭泣的人，说出了最能表现他内心情感的话语："哦，我的亲人们和朋友们，我的祖国以后还会出现另一个像我这样的公民吗?"这位杰出之士就这样死去了。在此处，我不应该漏掉一件体现他性格的逸事。当他在帕拉丁山上建造自己的住宅时——该宅址目前矗立的屋舍曾一度属于西塞罗，后又属于肯索利努斯（Censorinus），现在属于斯塔提利乌斯·锡塞纳（Statilius Sisenna）——建筑师曾建议用一种建造技术，使得宅邸可以消失在公众的视野中，摆脱所有人的监视，而且没有人能够从上向下看到里面。李维乌斯回答道："您如果有这样的技术，那么应该把我的宅子建成这样：不论我做什么，公众都可以看见我。"

2.15. 导致意大利战争爆发的怒火，在经受长期的压抑后，因德鲁苏斯之死而化作熊熊战火。一百二十年前①，在卢奇乌斯·凯撒（Lucius Caesar）和普布利乌斯·卢提利乌斯（Publius Rutilius）担任执政官的那一年，整个意大利都拿起武器，反抗罗马。首先起兵的是阿斯库卢姆（Asculum）的人民，他们之前已杀死了大法官塞尔维利乌斯（Servilius）和他的副手芳太伊乌斯（Fonteius）；接下来起兵的是玛尔喜（Marsi）人，他们将战火烧到意大利的所有地区。意大利人的机运之残酷，一如他们起兵理由之正当，因为他们一直在罗马——正是他

① 公元前91年(此处时间应为公元前90年，英译者标注有误——中译者注)。

们一直用武器捍卫这个国家的力量——寻求获得公民权；在每一个年头里，在每一场战争中，他们都提供了双倍多的包括骑兵和步兵在内的人马，却没有获得罗马公民权。而这个国家通过意大利人的效力，已经达到了如此高的地位，以至于将与罗马人同属一个民族、拥有同样血缘的意大利人蔑视为外国人和异族人。

这场战争夺去了超过三十万意大利年轻人的生命。在罗马人一方，最出色的指挥官是"伟大的"庞培的父亲格奈乌斯·庞培（Gnaeus Pompeius）、前面提到的盖乌斯·马略、在前一年履行完大法官任期的卢奇乌斯·苏拉以及梅特卢斯·努米底库斯（Metellus Numidicus）之子昆图斯·梅特卢斯（Quintus Metellus）。昆图斯理应获得"孝"（*Pius*）①的荣名，因为当他的父亲被平民保民官卢奇乌斯·萨图尔尼努斯逐出罗马后——由于只有努米底库斯拒绝奉行保民官制定的法律——他在元老院和举国一致的同情舆论帮助下，通过自己的努力，使自己的父亲最终恢复了职位。相比通过获得的凯旋式和公共荣誉，努米底库斯凭借逃亡的原因、逃亡的行为和归国的方式获得了更多的名声。

2.16. 在意大利军一方，最杰出的将领是希罗·珀佩狄乌斯（Silo Popaedius）、赫利乌斯·阿西尼乌斯（Herius Asinius）、茵斯泰伊乌斯·加图（Insteius Cato）、盖乌斯·庞提狄乌斯（Gaius Pontidius）、泰勒西努斯·庞提乌斯（Telesinus Pontius）、玛利乌斯·埃格纳提乌斯（Marius Egnatius）以及帕皮乌斯·穆提卢斯（Papius Mutilus）。我不应该过分谦虚而忽略了我荣耀的家族，尤其在我所记的内容属实的时候；由于这些内容许多来自我曾祖父埃库拉努姆（Aeculanum）的米纳提乌斯·玛吉乌斯（Minatius Magius）的记忆。他是德西乌斯·玛吉乌斯（Decius Magius）之孙，也是坎帕尼亚人的首领，而且被证明是忠

————————

① *Pius* 在这里意为"孝敬他的父亲"。

于罗马的杰出首领。在意大利战争中，米纳提乌斯是这样忠于罗马人的：他率领一支由他本人之前从希尔皮尼人（Hirpini）中征募来的军团，与提图斯·狄狄乌斯（Titus Didius）联手攻取了赫库兰尼姆城（Herculaneum），与卢奇乌斯·苏拉一起围攻庞贝城（Pompeii），并且占领了康普萨城（Compsa）。一些历史学家曾记录过他的功绩，但是最详赡、最清楚的证据是昆图斯·霍尔坦西乌斯（Quintus Hortensius）在其《编年史》（Annales）中的记载。为了大大地报答他的忠诚，罗马人慷慨地特别授予他公民权，让他的儿子们同时担任大法官，而这一职务的竞选名额在当时还限制在六人以内①。

这场意大利战争及其过程是如此的残酷，以致两位罗马执政官在两年中先后被敌军所戮，先是卢提利乌斯（Rutilius），后是加图·珀尔奇乌斯（Cato Porcius）；罗马人民的军队在许多地方溃败，罗马人不得不穿上军装（*sagum*）②，并且长期身着这副装束。意大利人选择科尔菲尼乌姆（Corfinium）作为首都，将其命名为"意大利卡"（Italica）。通过将公民权授予那些还没有拿起武器和很快再次放下武器的意大利人，罗马人的实力得以渐渐恢复，庞培、苏拉和马略恢复了罗马人民摇摇欲坠的权力。

2.17. 除了在诺拉还有些零星的战斗，意大利战争当时已基本结束。元气大伤的罗马人同意将公民权挨个授予那些被征服的和主动投降的民族，而不是在他们实力未遭削弱时，将他们作为一个整体授予公民权。③ 正是在这一年，昆图斯·庞培（Quintus Pompeius）和卢奇

---

① 公元前198年，这一数目由四人增至六人。苏拉又将其增加至八人。

② *sagum* 是军用斗篷，象征战争，亦如托袈象征和平。

③ 意为"意大利战争开始之前"。维勒乌斯用 *maluerunt*（优先于，中译文意译为"而不是"——中译者注）一词的想法有些含糊不清。最早摆在罗马人面前的"选择"是授予公民权还是战争，罗马人选择了后者。战争结束后，罗马人授予战败的敌人公民权。而罗马人本可以一开始就授予意大利人公民权，从而避免战争。

乌斯·科尔涅利乌斯·苏拉担任执政官。① 苏拉是一个在取得最终的
胜利前我们很难给予其称赞，在胜利后我们又很难给予其责难的人。
他出身贵族，是科尔涅利乌斯·卢菲努斯（Cornelius Rufinus）——这
位在皮洛士战争中的名将——的第六代孙。由于家道中落，苏拉伪装
了很久一段时间，好像他无意追求执政官之职。然后，在大法官任期   *85*
结束后——之前他不仅在意大利战争中，而且甚至在此之前的高卢战
场上（他在那里是马略麾下的第二号指挥官）获得赫赫声名，打败了最
有名的敌酋们——在这些胜利的鼓舞下，他参选了执政官，且几乎全
票当选。但这项荣誉，直到他四十九岁之时才降临到他的头上。

    2.18. 大约就在此时②，本都（Pontus）国王米特里达
梯（Mithridates）占领了亚细亚，屠杀了那里所有的罗马公民。米特里
达梯是这样一个人：对于他，人们既不会谈及——除非谈到与他有关
的事——也不会沉默不论。他一直渴望战争，勇武异常，心高志大，
不时会取得不凡的成就。从谋略来看，他是一位统帅；从体力的勇武
来看，他是一位战士；从对罗马人的仇恨来看，他是一位汉尼拔。他
提前通知了亚细亚各城——他已经向这些城市许下了丰厚的奖赏——
要在同一天同一时刻在全省杀尽所有的罗马人。在这危急关头，没有
哪个城市的居民像罗德斯人那样勇敢地违抗米特里达梯的命令，那样
忠于罗马人。米蒂利尼人（Mytilenian）背信弃义的行为使得这一忠诚
之举光耀流芳。米蒂利尼人用锁链将玛尼乌斯·阿奎利乌斯（Manius
Aquilius）和其他罗马人捆起来，移交给米特里达梯。后来，庞培恢复
了米蒂利尼人的自由，仅仅是出于他和泰奥法奈斯（Theophanes）的友
谊。当意大利将米特里达梯视作她自身的可怕威胁时，亚细亚就落入
了身为总督的苏拉的好运中。

---

    ①   公元前88年。
    ②   公元前88年。

87 苏拉离开罗马后，却一直停驻在诺拉附近，因为，那座城市好像后悔自己在布匿战争中如此虔敬地坚持对罗马非同一般的忠诚，依旧在武装对抗罗马，并且正在被一支罗马军队围攻。当时，平民保民官普布利乌斯·苏尔皮奇乌斯还在那里。此人擅长雄辩，精力充沛，曾靠着自己的财富、权势、友谊，以及与生俱来的体魄、勇气而声名显赫，而且在之前通过那些正直的手段在人民中赢得了广泛的支持。但是如今，他好像嫌恶自己的美德，发现德行只会令他失意，于是堕入邪道，投靠了马略。马略虽已年过七十，却依旧垂涎所有的权位，觊觎每一个行省。在提出那些有害而用心险恶的法律——一个自由的国度是无法容忍这些法律的——同时，他还向人民大会提交了一份法案，要求取消苏拉的指挥权而由盖乌斯·马略来指挥米特里达梯战争。他甚至做出了如此出格的事：派出自己的党徒作为刺客，暗杀一个人——此人既是执政官昆图斯·庞培的儿子，也是苏拉的女婿。

2.19. 随即，苏拉召集军队，回到罗马，武装占领了这座城市，驱逐了十二个阴谋策划政变恶行之人——其中有马略、马略的儿子和普布利乌斯·苏尔皮齐乌斯——并且通过正式的法令①宣布放逐他们。苏尔皮齐乌斯后来遭到骑兵的突袭，在洛兰图姆（Laurentum）附近的沼泽被杀。他的首级被高高挂起，在讲坛前示众，作为即将来临的公敌宣告运动的先兆。马略，这位已担任了六任执政官、当时年逾七十

89 的老人，从玛里卡（Marica）附近的芦苇荡中——他受到苏拉的骑兵的追击而藏身于此——被拖了出来，当时他赤裸着身子，浑身污泥，只有眼睛和鼻孔露在水面上。士兵们将绳索套在他的脖子上，遵照殖民地长官（*duumvir*）②的命令，将他押至明图尔内的监狱中。一个日耳曼裔的公共奴隶奉命持剑杀死他。恰巧，这个日耳曼人是马略在指挥

---

① 公元前88年。

② *duumvir* 是罗马殖民地主要官员的头衔。就像罗马的执政官一样，其人数也是两名。

对辛布里人的战争时被俘虏的。他在认出马略时，大喊了一声，对这位伟人的境遇表示愤怒，扔下剑，逃离了监狱。之后，明图尔内的公民们效法这位日耳曼人的做法，去怜悯马略——这个人在如此短的时间之前还是这个国家的头号人物——赠他金钱，给他穿衣，送他上船。马略在埃纳利阿（Aenalia）附近追上他的儿子后，驾船前往阿非利加，在迦太基废墟中的小屋里过着贫寒的生活。在那里，马略望见迦太基的时候，迦太基也在凝视着马略，他们可以互相慰藉。

2.20. 在这一年，罗马士兵的双手第一次沾上执政官的鲜血。苏拉的同僚昆图斯·庞培在一场叛变中被总督格奈乌斯·庞培（Gnaeus Pompeius）的军队杀害。这场叛变是由军队的统帅亲自发动的。

秦纳（Cinna）是一个像马略和苏尔皮齐乌斯那样不知约束的人。于是我们看到，虽然罗马当初在向全意大利人授予公民权时有附加条件，即只允许他们被登记在八个部落内，这样新公民的力量和人数就不至于削弱旧公民的威望，受益人就不可能比施惠人变得更强大，但是如今，秦纳许诺将罗马公民权授予所有的部落。出于这个目的，他已将一大群从意大利各地来的人带进罗马城。但是，他的同僚和贵族派联起手来驱逐了他，逼得他逃往坎帕尼亚（Campania）。他的执政官职务被元老院撤销了，朱庇特的祭司卢奇乌斯·科尔涅利乌斯·梅卢拉（Lucius Cornelius Merula）当选为执政官，取代了他的位置。这个非法的举动对惩罚秦纳而言是合宜的，却不是一个好的先例。秦纳首先贿赂了诺拉附近军队中的百人队队长们和军事保民官们，接着甚至向普通士兵们许诺以慷慨的回报，然后就被这支军队收留了。[①] 当这支军队向他宣誓效忠，而他还带着执政官的标志时，他倚恃数量庞大的新公民——从这些新公民中，他征募了超过三百个步兵队，由此将

91

----

① 公元前 87 年。

他的军队扩展到相当于三十个军团的规模①——向自己的祖国发起了战争。但是他的党派中缺少强人作为靠山。为了弥补这一缺陷，他召回了流亡中的盖乌斯·马略和马略的儿子，还有那些与他们一起被放逐的人。

2.21. 在秦纳率军攻打他的祖国时，"伟大的"庞培的父亲格奈乌斯·庞培有些摇摆不定。正如我在之前说过的，他曾凭借出色的才能在对玛尔喜人的战争中，特别是在皮凯努姆地区为国效力；他曾攻下了阿斯库卢姆，就在这附近——虽然罗马军队在其他地区都失败了——有七万五千罗马公民和超过六万的意大利人在同一天兵戎相见。在当选第二任执政官的希望破灭后，他在两派中间持犹豫和中立的态度，这样的话他似乎可以完全根据自己的利益而相机行事。他看双方中的哪一方给他更多的权力，就率军投靠哪一方。然而最终，他的军队与秦纳的军队展开了一场大规模的血战。这场战斗的结果就是不论对战士还是对旁观者来说，它的恐怖都难以言状。它开始、结束于罗马的城墙下，而且就紧挨着罗马的那些圣灶。在这场战斗结束不久，瘟疫又摧残了双方的军队，就好像他们的力量被战争削弱得还不够似的。格奈乌斯·庞培在这时去世了。人们对他的死流露的喜悦之情与对那些殁于利剑或瘟疫的公民的惋惜之情几乎同样多，罗马人民则将憎恨之情——他活着的时候，人们就憎恨他——发泄到他的尸体上。

不论庞培亚氏族中有两个还是三个家族，这个氏族中第一个成为执政官的是与格奈乌斯·塞尔维利乌斯(Gnaeus Servilius)同时当选的昆图斯·庞培。那一年大约距今一百六十七年。

在那场给双方造成巨大伤亡的战斗后，秦纳和马略都占领了罗马城，但是秦纳首先进城，然后提出了一个法案，允许召回马略。

---

① 一支军团的常规力量由五千至六千人组成。每个军团可分为十个百人队。

2.22. 之后，盖乌斯·马略进入罗马城。他的回归给公民们带去了无尽的灾难。如果没有之后苏拉取得的胜利，那么马略的这场胜利在残忍上可谓空前绝后。剑的肆意屠戮不仅仅在普通人中造成了巨大的灾难，连这个国家地位最高和最显赫的人物都成为各种复仇行为的牺牲者。在这些人中，性情中庸温和的执政官屋大维被秦纳下令杀害。此外，梅卢拉，这位正好在秦纳到来之前卸去了执政官职务的人，割开了自己的血管。就在他的鲜血浸透了祭坛时，身为朱庇特祭司的他——之前他曾祈祷国家平安——祈求诸神将怒气降在秦纳及其党徒的身上。就这样，他结束了自己为国家贡献良多的一生。玛尔库斯·安东尼乌斯，这位罗马杰出的政治家和演说家，命丧于马略和秦纳的命令，命丧于士兵们的剑下，即便他甚至用自己的雄辩之辞让他们犹豫了一下。接下来遇害的是昆图斯·卡图卢斯（Quintus Catulus）。他因各方面的美德和荣誉——这荣誉是他在对辛布里人的战争中和马略一起获得的——而闻名。在被敌人追杀时，他将自己锁进一间不久前涂过石灰和沙子的屋子中；然后开始放火，让浓烟从灰泥中渗出。由于吸入毒气而窒息，他如敌人所愿死去了，而没有死于敌人的判决。

当时，整个国家正在迅速地陷入毁灭的深渊。在那之前，还没有人敢把一位公民的财产变成供人掠夺的对象，或将它们据为己有。可是在这之后，连这一底线都被触及了，贪欲为残忍的暴行提供了动机；一个人的财产数量决定了恶人罪行的程度；拥有财产的人成了作恶者，在各种情况下，他都成了为谋杀者设立的奖品①。总之，只要是能带来利益的，就被人视作荣耀的。②

2.23. 之后，秦纳就任他的第二任执政官，马略就任他的第七任

---

① 指他的财产被那些对他的死负有责任的人瓜分。

② 关于这一时期以及其间的公敌宣告运动，参见普卢塔克《苏拉传》。

执政官①——这一任却给他的前六次任期蒙上了耻辱。就在这任执政官之年伊始，一场疾病降临在马略身上，结束了他的性命。这个人的急躁亦如他的平静，他在和平时给同胞带去的威胁亦如在战争时给罗马的敌人们带去的威胁。接替他位置的是被选为"候补执政官"(Consul suffectus)的瓦莱利乌斯·弗拉库斯(Valerius Flaccus)。此人制定了一部极其可耻的法律，规定债务人只需要向债权人偿还四分之一的债务。他因这项举措在两年内得到了罪有应得的惩罚。在这期间，秦纳在意大利执掌国家大权，而许多贵族都跑到阿凯亚找苏拉避难，后又前往亚细亚。

与此同时，苏拉在雅典、彼奥提亚(Boeotia)和马其顿与米特里达梯的将领们作战，取得了光复雅典的胜利，在历经困难攻下比雷埃夫斯(Piraeus)的众多工事后，击杀了超过二十万的敌人，俘虏的敌军更多于此数。② 如果有人将这一反叛的时期——在这期间雅典遭受了苏拉的围攻——视作雅典背信弃义的结果，那么这表明他对历史真相极其无知。因为，雅典人对罗马人的忠诚是如此始终不渝，以至于不论何时罗马人提到那些至忠至诚的行为时，总是称其为"阿提卡式忠诚"的典范。但在这时，在被米特里达梯的军队占领的情况下，雅典人陷入了极其痛苦的境地。他们一方面受制于敌人的统治，另一方面遭遇友军的围攻。他们虽不得不身在城中，却心在营垒之外。③ 占领雅典后，苏拉渡海进入亚细亚。在那里，米特里达梯答应了他所有的要求，像一个哀求者一样。在米特里达梯支付了一笔可观的赔款和解散一半舰队后，苏拉命他撤出亚细亚④和其他由他控制的省份。苏拉还让敌人释放了被俘虏的罗马士兵，惩罚了逃兵和那些不论如何都该受罚的人，并迫使米特里达梯满足于其继承的国土，即本都。

---

① 公元前 86 年。
② 公元前 87—前 86 年。
③ 意为"与罗马的围攻者在一起"。
④ 亚细亚行省，即小亚细亚(Asia Minor)。

2.24. 在苏拉到来之前，骑兵长官盖乌斯·弗拉维乌斯·菲姆布利阿(Gaius Flavius Fimbria)已杀死了位于执政官等级的瓦莱利乌斯·弗拉库斯，篡夺其军队——他被这支军队拥戴为大统帅(*imperator*)——的指挥权，击败了米特里达梯。如今，在苏拉抵达的前夕，他自杀了。无论如何，这个年轻人勇敢地执行了他的那些计划，尽管这些大胆的计划或许会受到人们的指责。就在同一年，平民保民官普布利乌斯·莱纳斯(Publius Laenas)将前一年的保民官塞克斯图斯·卢奇利乌斯(Sextus Lucilius)从塔尔珀伊亚岩上掷了下去。当他的同僚们也受到他的指控，恐惧地逃亡到苏拉那里时，他已制定了一项法令驱逐他们。

当时，苏拉已处理完大海对岸地区的事务。在那里，帕提亚人(Parthian)的使者前来觐见——苏拉是第一位享有如此殊荣的罗马人。 101
他们中的一些智者在看到苏拉身上的标记后，便预言他的人生和名声会与神明同辉。苏拉在回到意大利时于布隆狄西乌姆登陆。[①] 他当时率领不超过三万人的部队，却要面对超过二十万的敌军。在苏拉所有的功绩中，我认为最了不起的是：在马略和秦纳连续统治意大利的三年里，他一方面从未隐瞒要向他们宣战的意图，另一方面也从未停止当时他主持的对外战争。在他看来，他的任务是在向同胞复仇前击溃外敌，以及先消除外敌的危险，在外赢得战争的胜利，然后才应该在一场战争中证明自己是意大利的统治者。在苏拉抵达之前，秦纳被哗变的士兵们杀死。他应该死在胜利的敌人们的判决下，而不是死在愤怒的己方士兵们的手中。实事求是地说，秦纳制订了那些大胆的计划——没有善良的公民会构想出这些计划——完成了只有意志极其果决的人才能完成的事业；他在制订计划时太过急切，在执行时却又坚定不移。在那一年，秦纳死后没有人补选执政官，卡波(Carbo)独自一人担任执政官，直至年末。

---

① 公元前83年。

103 2.25. 有人可能会认为，回到意大利的苏拉不是一位战争的胜利者，而是一位和平的缔造者，是由于他在率领军队经过卡拉布利阿（Calabria）和阿普利阿（Apulia）前往坎帕尼亚时如此低调，对庄稼、田野、人和城市秋毫无犯，实属罕见，还由于他为在公正的条约和公平的条件下结束战争而做出如此努力。但是对于那些意图不良和贪得无厌的人来说，和平是不可能与其有缘的。与此同时，苏拉的军队日益壮大，因为那些更加优秀、理智的人都投靠了他。凭借一个幸运的结局，他在卡普阿附近击败了执政官西庇阿和诺尔巴努斯（Norbanus）。① 诺尔巴努斯在战斗中失败，而西庇阿在被自己的军队离弃和背叛后，得到了苏拉的赦免，毫发无伤地离开了。作为战士的苏拉和作为胜利者的苏拉是如此不同，以至于战争还在进行时，他更多地表现出温和宽厚而非理智，而一旦取得了胜利，就表现出前所未有的残忍。例如，正如我们前面提到的，他没有伤害那位执政官，让他离开，而且在俘获许多将领后，包括昆图斯·塞多留（Quintus Sertorius）——这个人就是一个火把，日后很快就会点燃一场战火②——在内，让他们安然无恙地离开。我想，（苏拉之所以如此表现的——中译者注）原因是他或许是一个双重和完全矛盾的人格并存于同一人之身的明显例证。

就在登提法塔山（Tifata）时，苏拉与盖乌斯·诺尔巴努斯发生了冲突。苏拉在取得胜利后，向狄安娜（Diana）——这片土地是她的圣域——献上了感恩的誓言，为她献上了因有益健康、能治愈疾病而闻名的泉水及其附近的土地。后来，有人将在这天举行的蒙神喜悦的祭祀记了下来，镌刻在神庙的大门以及神庙中的一块青铜碑上，至今仍可见。

---

① 公元前83年。

② 参见2.30。

2.26. 当时，卡波第三次出任执政官。他的同僚是盖乌斯·马略，*105*
时年二十六岁，有一位担任过七次执政官的父亲。他虽然注定无法像
其父那样长寿，却展现出其父的精神；他在许多事业上表现出非凡的
勇毅，且从未辱没过自己的名字。在萨克里波尔图斯（Sacriportus）败
于苏拉后，他率军退往普莱内斯特（Praeneste）——这座小镇凭借其自
然条件已然牢固，但马略还是驻扎了一支军队，加强它的防御能力。

为了不让这个国家的灾难缺少任何要素，在当时的罗马——之
前，罗马人都在德行上比拼——上演了一幕幕罪恶的竞赛，那些之前
品行最坏的公民如今都将自己视作最杰出的公民。就在萨克里波尔图
斯的战斗正酣时，在罗马，大法官达玛西普斯（Damasippus）、位列执
政官等级的多弥提乌斯由于被认为是苏拉党人，在元老院会堂中被谋
杀；遇害的还有曾制定宗教法和民事法的著名法学家、大祭司长斯凯
沃拉·穆奇乌斯（Scaevola Mucius），前一任大法官、执政官的兄弟盖
乌斯·卡波（Gaius Carbo），以及前一任营造官安提斯提乌斯（Antisti-
us）。愿贝斯提亚（Bestia）之女、安提斯提乌斯之妻卡尔普尼娅（Cal-
purnia）的高贵之举永享荣光。因为，当她的丈夫遇害时——正如我刚
提到的——她用剑刺穿了自己的胸膛。一个女人的贞烈之举给了他多
少荣耀和名声啊！直到现在，他的名字也绝不会被人忽略。

2.27. 在卡波和马略依旧担任执政官时，即一百零九年前，在十
一月初一，萨姆尼特人首领庞提乌斯·泰勒西努斯（Pontius Telesi-
nus）——此人在精神和行动上均表现果敢，并且恰恰对罗马之名恨之　*107*
入骨——召集了四万名作战最勇敢和信念最坚定的、依旧手持武器抵
抗的年轻人，在科林门（Colline gate）附近与苏拉的军队作战。这场战
斗如此危险，以致让苏拉和罗马城陷入了极其危急的境地。在目睹汉
尼拔率军路过了第三个里程碑后，罗马还从未遇到比这更大的危险：
泰勒西努斯在阵列中来回走动，高呼"罗马人的末日就要到了"，他声
嘶力竭地激励他的队伍打败和毁灭罗马，喊道："这些如此蹂躏意大

利自由的狼是绝不会消失的，除非我们把庇护它们的森林砍倒！"直到当晚第一时间后，罗马军队才恢复过来，敌军撤退。第二天，人们发现了奄奄一息的泰勒西努斯，但他脸上却挂着征服者的而非一个将死之人的表情。苏拉下令将其首级砍下，插在矛尖上，在普莱内斯特城墙外游行示众。

此时，小马略已对前途无望，试图通过地道——高超的修造技术使得这些地道通往不同方向的地区——逃出普莱内斯特。但是，就在逃离出口时，他被在那里等候多时的士兵们截住。一些权威史家曾说他是自杀的，还有人说他是与泰勒西努斯的弟弟一起死的——泰勒西努斯的弟弟也被围在城内，并试图和小马略一起逃跑——最后两人互相用剑杀死了对方。不论他是怎么死的，直到今天，人们依旧通过他那伟大的父亲而记得他。苏拉对这个年轻人的（价值——中译者注）估算是显而易见的；因为就在小马略被杀死后，苏拉获得了"菲利克斯"（Felix）[①]之名，假如小马略死于苏拉的胜利，那么苏拉本可以有完全的理由称得上这个名字。

在普莱内斯特指挥围攻马略的是奥菲拉·卢克莱修（Ofella Lucretius）。他曾是马略手下的将领，后来投靠了苏拉。苏拉创设了一年一度的竞技庆典的节日，以此来纪念这一天降临在自己身上的巨大好运。至今，人们依旧举行这些庆祝苏拉胜利的竞技活动。

2.28. 在苏拉取得萨克里波尔图斯大捷不久前，他手下的一些将领已在几场胜利的战斗中击溃了敌人。两位塞尔维利乌斯（Servilius）在克卢西乌姆（Clusium），梅特卢斯·庇乌斯（Metellus Pius）在法文提阿（Faventia），玛尔库斯·路库卢斯（Marcus Lucullus）在菲登提阿（Fidentia）附近（分别击溃了敌军——中译者注）。

内战的恐怖在从苏拉的残忍那里获得了新的动力后，似乎走到了

---

① 意为"幸运的"。

尽头。由于成为独裁官①（这个官职已经被废置了一百二十年，最后一次有人担任这个官职，是在汉尼拔撤出意大利后的第一年。因此，我们可以清楚地看到，相比使罗马人感到有必要设立独裁官的恐惧，独裁官的集权更危险），苏拉当时毫不约束自己的残忍之心，滥用大权，而之前的独裁官们行使这些权力都是为了在危急时刻拯救国家。他是剥夺他人公权的第一人。真希望他是最后一个！结果就是，正是在这个国家——如果有一个男演员曾被轰下舞台，那么他可以因受到蓄意 *111*
辱骂而获得合法的赔偿——杀害公民的罪行当时可以获得公开的奖赏；最富有的人就是杀人最多的人；杀死一个敌人获得的奖赏甚至赶不上杀死一个公民获得的；每一个人都成了杀害自己的凶手的奖品。没有人在复仇时仅仅报复那些拿着武器对抗他的人，而是滥杀无辜。此外，那些被剥夺公权之人的财产被出卖，他们的孩子不仅丧失了父亲的财产，而且被剥夺了担任公共官职的权利；最为不公的是，元老们的儿子们也被迫承担这些厄运，失去了与元老阶层有关的权利。

2.29. 就在卢奇乌斯·苏拉抵达意大利之前，格奈乌斯·庞培——正如我之前提到的，他曾于担任执政官期间，在与玛尔喜人的作战中取得了如此辉煌的胜利——的儿子，格奈乌斯·庞培，虽然只有二十三岁，即距今一百一十三年前②，却利用自己的立法提案权和私人资金，制订和出色地实行了一项大胆的计划。为了替祖国复仇，恢复她的尊严，他在皮凯努姆地区——在这里，他父亲的旧部实力强大——组织了一支大军。要公正地讲述此人的伟大需要很多卷方能尽述，但是这部作品的简短篇幅迫使我精简叙述，数笔带过。

从他的母亲卢奇利娅（Lucilia）一方的血统看，庞培出身元老贵族。他因英俊貌美而卓尔不群。他的美貌不仅仅在青春年少时才焕发

---

① 公元前 82 年。

② 公元前 83 年。

113 出魅力，而是高贵和永恒的，与他的杰出和事业的好运相称，而且这
美貌一直伴随他到生命的最后一天。庞培的一生无比纯洁，品格极其
正直，但是演说的天赋一般；他只对这样的权力抱有雄心——这些权
力可能是作为一种荣誉的象征授予他的，而不是那些不得不依靠强夺
而得到的。在战争中，他是一位足智多谋的将军；在和平时，他是一
位节制有度的公民，除了他在害怕自己的竞争者时；对待朋友忠诚不
渝；在受到冒犯时，很容易平静下来；致力于重建与他人的友好关
系；非常甘愿于自足，从不或至少几乎不滥用手中的权力。庞培几乎
是个完人，但是作为生活在一个自由的国度——这个世界的霸主——
的公民，他有一个最致命的缺点，即无法忍受别人在荣誉上与他平起
平坐，而他应该公正地平等对待每一位公民。从穿上托袈的那天起，
他就加入了军队，在他的父亲——那位充满智谋的将领——手下任
职；凭借对军事战术的非凡洞察力，他那杰出的天资——对最杰出的
事物表现出强大的学习能力——得到了如此充分的施展，以至于塞多
留（Sertorius）给予梅特卢斯更多的称赞，却对庞培怀有更多的畏惧。

2.30. 不久之后，前大法官、已被剥夺公权的玛尔库斯·珀尔派
恩纳（Marcus Perpenna）——此人的出身比本性更好——在奥斯卡
（Osca）的一场宴会上杀害了塞多留。[1] 凭借这一罪恶的行径，他给罗
马人带去了成功，却给自己的党徒带去了灾难，给自己带去了极其耻
辱的死亡。[2] 梅特卢斯和庞培因他们在西班牙的胜利而获得了凯旋式。
115 庞培，这个在举行这场凯旋式时甚至还是个罗马骑士的人，在乘坐凯
旋战车进入罗马城的第二天，就当选为执政官。这个凭着拥有如此多

---

[1] 公元前 72 年。

[2] 在塞多留被谋杀后，珀尔派恩纳掌握了塞多留的军队，并为庞培所败，沦为俘虏。
塞多留曾有一些信件，其中提到许多图谋改变苏拉政制的罗马领导人。珀尔派恩纳为求活
命，将这些信件交给庞培。庞培下令烧毁它们并处死珀尔派恩纳。

非凡的权力①而身居国家最高权位的人，对元老院和罗马人民同意让盖乌斯·凯撒（Gaius Caesar）第二次参选执政官——即便凯撒要求在缺席情况下参选——一事，本应心存芥蒂，却并没有如此。对于这样一个人，谁不会感到惊讶呢？人们都如此普遍地存在这样的缺点，即忽视自身的每一个不正当行为，却从不向他人让步，将自己对现状的不满发泄到那些不确定的动机和人身上，而不是去寻找真正的原因。在这一执政官任期内，庞培恢复了保民官的权力——苏拉曾让这一职务变得名存实亡。

　　正当罗马军队在西班牙与塞多留作战时，六十四个逃跑的奴隶在斯巴达克斯（Spartacus）的率领下，从卡普阿的角斗士训练学校逃出，在那座城市中夺取了剑。他们起初藏身于维苏威山（Vesuvius）之中②，之后，随着人数与日俱增，他们带来了许多恐怖的灾难，蹂躏了意大利。奴隶军最终发展到了如此巨大的规模，以至于在最后一战中，他们有九万之众对抗罗马军队。结束这场战争的荣耀属于玛尔库斯·克拉苏（Marcus Crassus）。不久之后，他便毫无异议地获得了这个国家的"第一公民"之荣誉。

　　2.31. 庞培的人格吸引了全世界关注的目光。在所有事情上，他 *117* 都不再被人们看作一介普通的公民。在担任执政官期间，他做出而且也信守了那值得称赞的承诺，即不会在卸任后前往任何一个行省任职。但是，两年后，当海盗威胁整个世界时——这些海盗不像以前那样干一些偷袭抢掠的营生，而是组成舰队，发动常规战争，甚至劫掠

---

　　① 在这里，"非凡的权力"或许包括：在剿灭塞多留的战争中，身为一介普通公民的庞培被授予总督（*proconsul*）的非凡头衔；他当选为执政官也非寻常，因为在这一过程中，元老院不追究他未到法定年龄并且不在罗马；公元前 67 年，伽比尼亚法（*Lex Gabinia*）授予其大权（*imperium maius*），控制地中海所有从海岸线向内陆延伸五十罗里的土地；玛尼利亚法（*Lex Manilia*）将他的权限扩大至东方所有的舰队、军队和远达亚美尼亚的整个亚细亚。
　　② 公元前 73—前 71 年。

了几座意大利的城市——保民官阿乌卢斯·伽比尼乌斯（Aulus Gabinius）提议①，应该让格奈乌斯·庞培荡平海盗，并且在所有的行省，从海岸线向内陆延伸五十罗里的地域，庞培应享有等同于行省总督的权力。通过这项法案，几乎全世界的统治权都托付于一人之身。事实上，在此七年前，类似的权力也曾授予大法官玛尔库斯·安东尼乌斯（Marcus Antonius）。② 但是有些时候，掌握这种权力之人的品格——正像它使得第一个这样的人或多或少变得危险——会增加或减少人们对这种权力的反感。至于安东尼乌斯，人们并不关心他的权位。因为，有些人的权力并不令人恐惧。对于这样的人，我们不会经常抱怨他们所获的荣誉。另一方面，人们不愿把特别的权力授予这些人：他们看起来好像可以根据自己的选择保持或放弃这些权力，而影响这一选择的唯一因素就是他们的倾向。贵族派反对授予庞培这些权力，但明智的建议最终屈从于冲动。

2.32. 在这里，昆图斯·卡图卢斯（Quintus Catulus）的优秀品质以及他的谦退值得一书。在聚集的人群面前，他反对上面提到的法案，说庞培无疑是个伟人，但是对于一个自由的共和国来说，如今庞培正在变得过于伟大，而且不应将所有的权力都赋予一人。他进而说道："如果庞培遭遇不测，你们让谁接替他的位置？"结果，人们异口同声地大喊："您，卡图卢斯。"然后，面对人们对这项法案的一致同意，以及他的同胞们充满敬意的称赞，他离开了集会现场。在这一点上，任何人都会乐于对卡图卢斯的谦退以及人民的公正表示敬意；就卡图卢斯而言，是因为他不再反对庞培；就人民而言，是因为他们不计较卡图卢斯对民意的反对，而不吝为他献上真诚的敬意。

① 公元前 67 年。
② 公元前 74 年，玛尔库斯·安东尼乌斯，即后三头之一的安东尼乌斯之父——曾于前一年担任大法官——凭借凯提古斯（Cethegus）和执政官科塔的影响力，获得了舰队指挥权和地中海沿岸的控制权，以清剿海盗。

大约就在此时，科塔（Cotta）将担任法庭陪审员的权力平均分配给元老阶层和骑士阶层。盖乌斯·格拉古曾将这项特权从元老阶层转移至骑士阶层，而苏拉又再次将其从骑士阶层转移至元老阶层。奥托·洛斯奇乌斯（Otho Roscius）凭借他提议的法案，恢复了骑士阶层在剧院中的位置。①

与此同时，格奈乌斯·庞培征募了许多出色的士兵入伍，将一支支分遣舰队派至每一处海湾，利用一支战无不胜的军队，在很短的时间内，将全世界从海盗的威胁下拯救出来。在西里西亚（Cilicia）海岸附近，庞培对海盗发起了最后一战——在此之前，庞培已在其他地方多次击败海盗，且彻底击溃了他们。之后，为了能够更快地结束一场蔓延如此广泛的战争，他将残余的海盗集中起来，让他们在远离海岸的城市定居。有人为此而批评庞培；可是，虽说该计划得到了它的制订者的力荐，但不论该计划的制订者可能是谁，他都会因此而变得伟大②。因为，他这样做了海盗们改邪归正的机会，让他们远离劫掠的营生。

2.33. 就在征剿海盗的战争即将结束时，庞培受命接替卢奇乌斯·路库卢斯（Lucius Lucullus），指挥对米特里达梯的战争。七年前，路库卢斯在执政官任期结束时，获得了亚细亚行省总督之职，指挥讨伐米特里达梯。③ 在这一职位上，他取得了许多伟大而显赫的功绩，在不同的地方多次击溃米特里达梯，用一场漂亮的大捷解放了库济库斯，并且在亚美尼亚（Armenia）击败了最伟大的国王——提格拉涅斯（Tigranes）。有人可能会说，他没有结束战争是由于缺少这样的意愿，而非能力不足；因为，他虽然在其他方面拥有令人赞赏的品

①　奥托·洛斯奇乌斯，公元前67年的保民官。这项法律将靠近元老座区（位于乐池）的十四排划给骑士。西塞罗也曾称其为一项复古措施，但是我们不知道这种区分始于何时。

②　暗指庞培的荣名"伟大的"（Magnus）。

③　公元前66年。

质，在战争中几乎未尝败绩，却是个贪财者。路库卢斯还要忙于进行一场类似的战斗，当时玛尼利乌斯（Manilius）——这位平民保民官长期品行腐化，时刻准备煽动他人的野心——提出了一项议案，要让庞培成为指挥米特里达梯战争的统帅。这项法案通过后，两位指挥官开始互相攻讦：庞培指责路库卢斯对金钱的那种令人憎恶的贪婪，路库

123 卢斯则嘲讽庞培对军权无限的野心。但是，没有办法证明二人在攻击对方时说了谎。事实上，庞培甫一参与公共事务，就完全不能容忍别人与他平起平坐。在他所从事的所有事业中——他本应只是成为其中的佼佼者——他都希望自己是唯一的参与者。没有人比他更漠视荣誉之外的事物，也没有人比他更渴求荣誉；他一味地追求官位，尽管他在行使权力的时候十分适度。他虽然极度渴望获得每一项新官职，但也会对其持以冷淡的态度；他即便想获得渴望的职位，也会顾及别人的想法而放弃。至于路库卢斯，这个在其他方面堪称伟人的人，首开了如今在建筑、宴饮和服饰方面的侈靡风气。由于他在海中建造了巨大的建筑，通过凿山让大海流进原野，因此庞培常常不无尖锐地称呼他为"罗马的薛西斯（Xerxes）"①。

2.34. 就在同一时期，昆图斯·梅特卢斯（Quintus Metellus）将克里特岛纳入罗马人民治下。这个岛的统治者帕纳莱斯（Panares）和拉斯泰奈斯（Lasthenes）曾征募了两万四千人的军队——这些人均身手敏捷，勇于奋战，以箭术高超而闻名——用长达三年的战争将罗马军队拖得精疲力竭。格奈乌斯·庞培也按捺不住想在这场战争中获得荣誉②，试图从梅特卢斯的胜利中分一杯羹。但是，善良的公民们纷纷

125 赞颂路库卢斯和梅特卢斯的胜利，不仅仅是因为两位将军取得了杰出

---

① 拉丁语的字面意思是"穿着托袈的薛西斯"。这指的是薛西斯在赫勒斯滂海峡上架设桥梁，以及通过阿托斯山（Mount Athos）的地峡开凿运河。

② 正如在路库卢斯的战事中一样。

的功绩，还因为庞培不得人心。

就在此时，勇气超凡、信念坚定和心思机敏的执政官玛尔库斯·西塞罗（Marcus Cicero）发觉了塞尔基乌斯·喀提林（Sergius Cati-line）、莱恩图卢斯（Lentulus）、凯提古斯（Cethegus）以及其他骑士和元老的阴谋。① 西塞罗是一位完全凭一己之能力获得高位的人，使得自己低微的身份最终变得高贵。他的一生之杰出，犹如他的天赋之卓越。我们在武力上征服了希腊人，但西塞罗使得我们没有在智慧的成就上被他们征服。② 出于对这位执政官的权威的恐惧，喀提林逃出了罗马城；莱恩图卢斯，这位曾担任过执政官和两次担任大法官的人，以及凯提古斯和其他出身显赫家族的人，都在执政官的命令和元老院的批准下，被下狱处死。

2.35. 元老院会议——元老院会议之前也曾如此做过（由于老加图和小加图的名字都是"玛尔库斯·加图"，所以结合后半句，这句话应暗指老加图的美德也曾在元老院会议上展现无遗——中译者注）——将玛尔库斯·加图（Marcus Cato，小加图）在其他事情上同样绽放光彩的品格推向极致。他是玛尔库斯·加图（老加图）——波尔西阿家族的第一人，小加图的曾祖——的后裔，犹如美德女神一般，并且在所有行为中表现出的品格更接近诸神而不是凡人。他从来都不会仅仅为了表面看起来行事公正而行正义之事，因为他（除了真正的正义之事——中译者注）根本做不出别的事。对他而言，唯一正当的行事方式就是伸张正义。他没有凡人的一切缺点，能够经常掌控自己的机运。当时，虽然他仅仅当选而尚未就任保民官，并且依旧相当年轻，而其他人都主张莱恩图卢斯和其他同谋者应当被羁押在意大利的城镇

----

① 公元前 63 年。

② 他提到的是贺拉斯《书信集》2.1.156 中的著名诗句所表露的情感："被征服的希腊征服了野蛮的征服者，把艺术带给粗鄙的拉提乌姆。"（*Graecia capta ferum victorem cepit et artes Intulit agresti Latio.*）

中，虽然他是其中最后一个被征询意见的，但他却凭借精神和智慧的强大力量以及如此诚挚的演说——以至于他的演说使得那些极力主张宽待阴谋者的人有同谋之嫌——痛斥阴谋。① 加图展现了一幅如此危险的场景——罗马遭受焚毁城市、推翻政体的威胁——又如此颂扬了执政官的坚定，使得整个元老院倒向了他这边，投票决定处死那些阴谋者，并且许多元老将西塞罗护送至家中。

至于喀提林，他像策划阴谋时那样不知疲倦地继续作恶。由于在战斗中感到绝望，他在战场上自杀了，而他本应死在刽子手的刀下。

2.36. 西塞罗的执政官任期——距今九十二年前——因奥古斯都（Augustus）在那一年②的诞生而声望大增。奥古斯都注定要通过自己的伟大，让所有民族的所有人都黯然失色。

现在③，我似乎没有必要叙述那个群星闪耀的时代。因为有谁不知道，在这个时代——这些人仅仅在年龄上有所不同——西塞罗和霍尔坦西乌斯大放异彩；早些时候有克拉苏、科塔和苏尔皮齐乌斯；稍晚一些，有布鲁图斯（Brutus）、卡利狄乌斯（Calidius）、凯利乌斯（Caelius）、卡尔乌斯（Calvus）以及位列西塞罗之后的凯撒；在他们之后——这些人可以说是他们的学生辈——有科尔维努斯（Corvinus）和波利奥·阿西尼乌斯（Pollio Asinius），与修昔底德（Thucydides）比肩的撒路斯提乌斯（Sallustius），诗人瓦罗（Varro）、卢克莱修（Lucretius），以及在自己所从事的文学领域无出其右的卡图卢斯（Catullus）。还有数不胜数的天才巨匠几乎就生活在我们的眼前。其中在我们这个时代最著名的有"诗人之王"维吉尔（Virgil），有拉比利乌斯（Rabirius），有紧随撒路斯提乌斯之后的李维，有提布卢斯

①　撒路斯提乌斯的《喀提林阴谋》52 中记载了这一著名的演说。
②　公元前 63 年。
③　他提及了西塞罗和奥古斯都。这充分表明他已开始论述罗马那最伟大的时代——西塞罗与奥古斯都时代。因此文中强调 iam（意为"现在"）。

(Tibullus)，还有纳索(Naso)。他们每个人都在各自的文学领域中取得了辉煌的成就。① 至于那些健在的作家，我们在大加赞赏他们的同时，还难以罗列一个关键人物的名单。

2.37. 在罗马城和意大利发生这些事情时，格奈乌斯·庞培正在指挥一场对米特里达梯的著名战役。在路库卢斯离开后，米特里达梯再次组建了一支新的、强大的军队。这位国王在战败、溃逃和丧失了所有的实力后，前往亚美尼亚，向他的女婿提格拉涅斯——这位国王虽然当时在一定程度上已被路库卢斯剥夺了很多权力，却依旧是最有权势的国王——寻求庇护。于是，庞培立即进军亚美尼亚，追击那两位国王。首先，提格拉涅斯的一个儿子，因与其父意见不合而投降庞培。之后，提格拉涅斯本人恳求将自己及其王国交予庞培管辖。在恳求庞培之前，他声明：除了庞培，他不会与任何人结盟，不论那个人是罗马人还是其他任何民族；他愿意听候庞培发落，不论结果是好是坏；被庞培这样的人击败不是耻辱，因为击败庞培就是一种与神作对的罪行；被庞培这样的人统治不是耻辱，因为机运让他高居于万人之上。庞培允许提格拉涅斯保留忠于罗马的荣誉，但迫使他支付了巨额赔款。所有这些赔款，按照庞培的惯例，被送至财务官处并列入公共财政的账目中。庞培将被米特里达梯控制的叙利亚和其他省份重新夺回罗马的手中。其中一些省份重归罗马人民，其他一些省份首次处于罗马治下——如叙利亚，它在这时首次成为附属于罗马的省份。由国王统治的附属国仅限于亚美尼亚一国。

2.38. 下面我要简述一下变为罗马行省和附庸的民族与国家，以及为之做出贡献的将领。这样做看起来并不违背我之前订立的写作计划。把那些已被详述的史事集中起来，这样我们更容易概览它们。

---

① 此处对贺拉斯的忽略，与1.17处将普劳图斯从喜剧作家中忽略一样值得注意。

　　执政官克劳狄乌斯(Claudius)是第一位率军渡海进入西西里(Sicily)的人①，但是，过了五十年，就在叙拉古陷落后不久，西西里就被玛尔凯卢斯·克劳狄乌斯(Marcellus Claudius)变成了行省②。在第一次布匿战争的第九年③，雷古卢斯(Regulus)成为第一位进军阿非利加的人。一百零九年后，即距今一百七十三年前，普布利乌斯·西庇阿·埃米利阿努斯摧毁了迦太基，将阿非利加变成了一个行省④。撒丁尼亚(Sardinia)最终在第一次和第二次布匿战争之间⑤，在提图斯·曼利乌斯(Titus Manlius)担任执政官时臣服于罗马。有一个强有力的证据表明我们国家好战的性格，即证明持久和平的双面神雅努斯(Janus)的神庙只关闭过三次：第一次是在王政时期，第二次是在刚刚提到的提图斯·曼利乌斯担任执政官时期，第三次是在奥古斯都统治时期。两位西庇阿，以及格奈乌斯和普布利乌斯，都是首批率军进入西班牙的罗马统帅⑥，当时是在第二次布匿战争开始时，即距今两百五十年前。从那时起，西班牙的许多地区数度易手，最终在奥古斯都统治时期全部成为罗马的附庸。鲍卢斯征服了马其顿⑦，穆米乌斯征服了阿凯亚⑧，弗尔维乌斯·诺比利奥尔征服了埃托利亚(Aetolia)⑨，阿非利加努斯的兄弟卢奇乌斯·西庇阿(Lucius Scipio)从安提奥库斯的手中夺取了亚细亚⑩。但是，作为元老院和罗马人民的礼物，它不久后就被转送给阿塔里德斯(Attalids)。⑪阿里斯托尼库斯被

①　公元前 261 年。
②　公元前 212 年。
③　公元前 256 年。
④　公元前 146 年。
⑤　公元前 235 年。
⑥　公元前 218 年。
⑦　公元前 167 年。
⑧　公元前 146 年。
⑨　公元前 189 年。
⑩　公元前 190 年。
⑪　公元前 130 年。

玛尔库斯·珀尔派恩纳俘虏后，亚细亚成为向罗马称臣纳贡的行省。由于加图执行了元老院的法令，在塞浦路斯国王畏罪自杀后将其变为行省，因此没有哪位将领能够因征服塞浦路斯而获得称颂。① 克里特受到梅特卢斯的惩罚，失去了长久以来享有的自由。② 叙利亚和本都则成为格奈乌斯·庞培的勇气的纪念物。③

2.39. 多弥提乌斯，以及鲍卢斯之子、荣名为"阿罗布罗吉库斯"（Allobrogicus）的法比乌斯首先率兵进入高卢诸省。之后，我们在试图征服这些省的过程中，付出了惨痛的代价，且多次失去它们。在征服高卢的数场战争中，战果最为辉煌和显赫的是凯撒发动的那场。凭借着凯撒的统率和军事才能，罗马令高卢俯首投降④，使其赔偿了和世界其余地区赔偿的几乎一样多的财富。此外，凯撒还[将努米底亚变成一个行省⑤——梅特卢斯在很久以前曾凭借自己的勇武，赢得了荣名⑥"努米底库斯"。

伊萨乌利库斯（Isauricus）征服了西里西亚⑦，乌尔索·曼利乌斯（Vulso Manlius）在对安提奥库斯的战事结束后，征服了加罗格莱齐亚（Gallograecia）⑧。比提尼亚，正如前文所说，按照尼科美德斯的遗愿被赠予罗马人。⑨ 除了西班牙和那些名字令奥古斯都的广场生辉的国家，奥古斯都还将埃及变成了行省⑩，使得罗马获得了巨额的赋税——这些财富同他父亲从高卢人那里带来的几乎一样多。提比

---

① 公元前 57 年。
② 公元前 67 年。
③ 公元前 62 年。
④ 公元前 58—前 50 年。
⑤ 公元前 46 年。
⑥ 方括号中的文字是哈瑟（Haase）推测内容的译文。
⑦ 公元前 78 年。
⑧ 即公元前 188 年征服了加拉提亚（Galatia）。
⑨ 公元前 74 年。
⑩ 公元前 30 年。

略·凯撒(Tiberius Caesar)赢得了部分伊利里库姆人和达尔玛提亚人(Dalmatian)的臣服①，堪比奥古斯都当年部分地征服西班牙人。他还通过军事征服为帝国增添了一些新的行省，如莱提亚(Raetia)、文德利奇亚(Vindelicia)、诺里库姆(Noricum)、潘诺尼亚(Pannonia)，他还征服了斯科尔狄斯奇人②。此外，他仅仅靠着自己名声的威望便将卡帕多西亚(Cappadocia)变成了罗马人民的行省。③ 现在，让我们言归正传，按时间顺序讲述历史事件。

2.40. 下面要讲述的是格奈乌斯·庞培的军功。④ 关于这个主题，很难说这些军功赢得的荣耀更多，还是损失的人力更多。他征服了米底、阿尔巴尼亚(Albania)和伊比利亚(Iberia)。之后，他调整行军方向，前往内陆地区和黑海右岸——那里是科尔启斯人(Colchian)、赫尼奥奇人(Heniochi)和阿凯亚人居住的地区。米特里达梯，这位除帕提亚的统治者们之外仅存的一位拥有独立王权的国王，由于儿子法纳西斯(Pharnaces)的背叛而失败。事实确实如此。此事发生在庞培率军作战期间。接下来，在征服了沿途的所有民族后，庞培回到了意大利；他所获得的功绩超过了他本人和同胞们的期望，在参加的所有战役中，他的机运远远超越了凡人。正是由于给人们留下了这种印象，所以他的回国才赢得了如此深孚众望的评价。因为他的大部分同胞曾坚信他进入罗马城时肯定会带兵，坚信他会因为多变的性格而压制公共自由。由于人们之前怀着恐惧之心，因此他们在看到如此伟大的一位将领像一介普通公民一样回来，便更加热烈地欢迎他。庞培在布隆

137

---

① 公元前 10 年。
② 公元前 16—前 12 年。
③ 公元 17 年。
④ 公元前 66—前 63 年。

狄西乌姆解散了所有的军队，除了保留一个"大统帅"（*imperator*）①的头衔外，交出了之前的一切权力，在回到罗马时身边只有一名经常随身的扈从。在罗马，他举行了一场为期两天的极其盛大的凯旋式，以庆祝他征服众多国王的功绩。他从那些战利品中，抽出一笔巨额的财富献给国库，其数量比之前任何一位将领——除了鲍卢斯之外——贡献的都多。

　　在庞培缺席的情况下，平民保民官提图斯·阿姆匹乌斯（Titus Ampius）和提图斯·拉比埃努斯（Titus Labienus）提出了一项法案，即庞培在竞技场赛会中可以头戴金冠，身着凯旋式的盛装；在剧院可以穿镶紫边的托袈，头戴金冠。但是，他不止一次拒绝使用这一荣誉。确实，这一荣誉使用一次就够了。凭着机运的助力，这个人升至事业的巅峰只迈了几大步：他首先战胜了阿非利加，之后是欧罗巴（Europe），再后来是亚细亚，世界的三大部分就这样成了他众多的胜利丰碑。伟大总是会有嫉妒相伴。庞培遭到了路库卢斯和梅特卢斯·克莱提库斯（Metellus Creticus）的反对，其中后者没有忘记自己曾遭受的冷落（他确实拥有正当的理由怨恨庞培抢走了他所俘获的将领们，而这些人本会给他的凯旋式增辉添彩）。此外，还有一部分贵族反对庞培，设法阻挠他兑现对众多城市的承诺，阻挠他按照自己的愿望奖赏曾经效忠他的人。

　　2.41. 接下来担任执政官的是盖乌斯·凯撒。② 他现在抓住了我的笔，迫使我无论有多匆忙，都要在他身上停留片刻。他不仅出身于高贵的尤利亚氏族，祖先可以追溯至维纳斯（Venus）和安喀塞斯（Anchises）——对此，古史学者们都予以承认——而且相貌英俊出众。他

---

　　①　一位拥有权力（*imperium*）的将军拥有"大统帅"（*imperator*）的头衔。维勒乌斯在此处提到在胜利后，欢呼的士兵们将这一头衔赋予庞培。在这个意义上，它被认为是凯旋式的前奏。

　　②　公元前 59 年。

头脑极其敏锐，精力充沛，为人慷慨豪爽，拥有超出人类本能、令人难以置信的勇敢。在雄心的高度、军事行动的速度、对险境的忍耐力上，凯撒极像亚历山大王，却不像后者那样嗜酒和偏激。一言以蔽之，凯撒从不沉溺于美食和酣眠，只将这些视作生活的必需品，而非享乐的对象。他和盖乌斯·马略之间有着密切的血缘关系。他还是秦纳的女婿——他绝不会因为恐惧而与秦纳之女离婚；然而，位列执政官等级的玛尔库斯·披索（Marcus Piso）则为了博得苏拉的好感而与秦纳的前妻安妮娅（Annia）离婚。在苏拉担任独裁官时，凯撒大概只有十八岁。当有人想通过一个针对他的调查来置他于死地时——事实上，这个调查不是苏拉发起的，而是他的奴才们和党羽们策划的——他在夜里乔装改扮，成功隐匿了自己的阶层身份，逃出罗马城。之后[①]，他在还是一名青年时，被海盗俘虏，并且他在被扣留期间的言行举止让那些海盗既畏惧又尊敬。无论是白天还是夜晚，他都不会脱掉鞋子或是松开腰带——为何仅仅因为无法用宏伟的语言描述，就要省略一个最有意义的细节呢？——唯恐对自己平时的装束有些微改动，令看守者起疑，因为这些人只是用眼睛盯着他。

2.42. 关于凯撒惩罚海盗的那些大胆计划和怯懦的亚细亚总督如何坚决地拒绝支持这些计划，说来话长，此处就不再叙述了。接下来的故事可以说是他日后成就伟业的预言。在一天夜晚——在那一天的白天，亚细亚的众多城市交来了赎金，然而在亚细亚的城市交来赎金之前，凯撒迫使海盗先将人质交还给这些城市——尽管他只是一介无权势的普通公民，他的舰队只是匆匆组建的，但是他率领舰队直捣海盗巢穴，打跑和击沉了一些海盗船，还俘获了一些船和很多战俘。他

---

① 在《神圣的尤利乌斯传》中，苏埃托尼乌斯提到凯撒遭遇海盗绑架之事发生于他在公元前76年访问罗德斯岛之时，当时他去那里在莫洛（Molo）门下学习演说术。普卢塔克《凯撒传》将这件事提前，认为发生于凯撒在公元前81—前80年造访比提尼亚期间。

心怀对夜袭成功的得意，回到了朋友那里，然后在将自己的俘虏羁押
后，直奔比提尼亚，去找比提尼亚和亚细亚的总督尤恩库斯（Jun-
cus），请他批准处死那些被俘的海盗。当时，尤恩库斯——他的平庸
变成了妒忌——表示拒绝，说要将这些俘虏卖作奴隶。凯撒以令人难
以置信的速度回到了海岸，赶在那些等着那位总督派遣去处理此事的
人之前，将所有的俘虏钉死在十字架上。

2.43. 不久之后，他火速赶往意大利，就任大祭司长的神职。这
项职务是他在缺席情况下当选的①，以接替他的前任，即前执政官科
塔（Cotta）。事实上，他在刚刚成年时就已经被马略和秦纳任命为朱
庇特的祭司，但是马略和秦纳所做的一切都随着苏拉的胜利而被抹
杀，凯撒因此而失去了神职。就在刚才提到的他返回意大利的路途
上，为了躲避海盗们——当时海盗侵扰各个海域，并且有充分的理由
威胁他——凯撒带上两位朋友和十个奴隶，坐上一艘四桨小船，就这
样渡过了亚得里亚海（Adriatic Sea）宽阔的海面。在航行过程中，他认
为自己看到了几艘海盗船，于是脱掉外套，将一柄短剑缚于大腿上，
为可能发生的一切情况做好准备。但是很快，他发现他的眼睛欺骗了
自己；远方有一排树木看起来像桅杆和帆桁，让他产生了错觉。

至于他在回到罗马后的其余活动，我无须赘言，因为它们都更为
人所知。但是，我要提及：他对格奈乌斯·多拉贝拉（Gnaeus Dola-
bella）——相比对其他被告人所通常表现出的同情，人民对他的同情
更多——发起著名的诉讼②；他与昆图斯·卡图卢斯和其他政治名人
展开广为人知的政治竞争③；他在竞争大祭司长职务时，被公认的元
老院领袖昆图斯·卡图卢斯击败④，在此之前他甚至还担任过大法官；

---

① 公元前 74 年。
② 公元前 77 年。
③ 公元前 62 年。
④ 公元前 63 年。

他在担任营造官时①，不顾贵族们的强烈反对，为马略重建胜利纪念碑；让被剥夺公权者的子女们重获与他们的社会等级相应的政治权利；在西班牙担任行省总督（*praetor*）和财务官②，其间他表现出惊人的精力和勇气。他曾在维图斯·安提斯提乌斯（Vetus Antisitius）手下担任财务官。安提斯提乌斯是现在的那位维图斯——他是执政官和大祭司——的祖父，他的两个儿子分别担任执政官和祭司。他的卓越达到了我们心目中人之完美的极致。

2.44. 言归正传。正是在凯撒担任执政官的那一年③，凯撒、格奈乌斯·庞培和玛尔库斯·克拉苏结成了政治同盟。事实证明，这一同盟给罗马和全世界带来了灾难，也在不同时期给每一位巨头自身带去了不幸。庞培加入这一同盟的目的，是通过让凯撒担任执政官，来确保他的一项被拖延已久的军事行动能够实现，即出兵大海对岸，征服——正如我之前提到的——依旧在对抗罗马的诸省；凯撒加入这个同盟，是因为他认为对威望极高的庞培做出让步，会增加自己的威望，并且通过将人们对三头同盟的厌恶转嫁给庞培，会增加自己的权势；克拉苏则希望借助庞培的影响力和凯撒的权力，在国家中获得过去仅凭自己而无法获得的高位。此外，凯撒和庞培之间结成了姻亲关系——庞培在当时娶了凯撒之女尤利娅（Julia）。

在这一任执政官期间，凯撒在庞培的支持下通过了一项法律，向平民们分配坎帕尼亚的国有土地。由此，约有两万罗马公民被安置在那里；曾在第二次布匿战争中被降为罗马一个辖区的卡普阿，在一百五十二年后，恢复了作为一个城市的各项权利。凯撒的同僚比布卢斯

---

① 公元前 65 年。

② 并非是作为行省总督（*praetor*）和财务官（*quaestor*），而是分别在公元前 61 年和公元前 67 年，在西班牙担任代行省总督（*propraetor*）和前财务官（*quaestorius*，或与财务官等衔者）。

③ 更可能是在凯撒参与竞选执政官之年。

(Bibulus)有意阻止凯撒的行动，却没有这样的能力，于是在一年中的大部分时间内闭门不出。他本想以此来让他的同僚更不得人心，结果却只是增加了凯撒的权力。与此同时，高卢各省被指定给凯撒，由其管辖五年。

2.45. 大约就在此时，普布利乌斯·克洛狄乌斯(Publius Clodius)——此人出身高贵、能言善辩而又鲁莽轻浮；除了热衷于搞阴谋诡计，还不懂得在言行方面约束自己而任性妄为；因与自己的姐妹有染而声名狼藉，并且被指控在罗马人民最神圣的仪式上犯下了通奸的亵渎之行①——对玛尔库斯·西塞罗心怀强烈的敌意(在如此不同的人之间能有什么友谊呢?)，将他从一位贵族黜为一介平民，并且身为保民官②的他提出了一项法案，即不论谁不经审判而杀死一位罗马公民，都应当被流放③。虽然法案中没有明写西塞罗的名字，但它就是专门用来对付他的。就这样，这个通过伟大的奉献赢得了祖国感激的人④，他拯救祖国得到的回报却是流放。关于西塞罗被黜一事，凯撒和庞培难以摆脱嫌疑。西塞罗可能招致了他们的怨恨，因为他曾拒绝加入负责分配坎帕尼亚土地的二十人委员会。在两年内，西塞罗返回祖国⑤，恢复了原来的职位，这多亏了格奈乌斯·庞培的影响力——有些来迟，但事实上，一旦发挥却很有用——以及意大利的请愿者们、元老院的命令和平民保民官安尼乌斯·米洛(Annius Milo)的积极奔走。自从努米底库斯被流放和回国之后，还没有谁在被驱逐时遭到如此多的人反对，在回国时受到如此热烈的欢迎。曾被克洛狄乌斯蓄意毁坏

149

---

① 克洛狄乌斯男扮女装，出现在只有妇女才能获准参加的善德女神(Bona Dea)的祭祀仪式上。这些仪式由凯撒之妻庞培娅(Pompeia)主持，有人怀疑克洛狄乌斯与她有染。

② 公元前 58 年。

③ 拉丁文字面意思为"应当断绝火与水"。

④ 西塞罗曾在执政官任期中镇压了喀提林的阴谋。

⑤ 公元前 57 年。

的西塞罗宅邸，也被元老院重修得宏伟壮观。

普布利乌斯·克洛狄乌斯在担任保民官期间，还假借一个冠冕堂皇的任务驱逐了玛尔库斯·加图。[①] 他提出一项法案，提议任命加图为财务官前往塞浦路斯岛，但兼有行省总督的权力，并有一名财务官作为僚属，而且奉命前往废黜托勒密（Ptolemaeus）——这个恶极之人应该遭此羞辱。然而，就在加图抵达前不久，托勒密自杀身亡。加图从塞浦路斯带回了一笔远远超出人们预料的金钱。称赞加图清廉正直是对神的不敬，但是我们可以说他似乎有一种怪癖，即表现出一副清廉正直的形象。因为，在他溯台伯河而上时，所有公民在两位执政官和整个元老院的带领下，倾城出动去迎接他，但他直到抵达钱被送上岸的地方，才登岸和他们打招呼。

2.46. 与此同时，凯撒正在高卢推进他那艰巨的任务。[②] 这些任务即便长篇累牍也难以尽述。他不满足于取得许多幸运的胜利，也不满足于杀死和俘虏成千上万的敌人，甚至渡海进入不列颠（Britain），好像企图要将另一个世界并入我们的帝国，并入他已打下的领土。曾经同时担任过执政官的格奈乌斯·庞培和玛尔库斯·克拉苏，当时第二次一起担任执政官。[③] 他们不仅靠不正当的手段赢得了这一职位，而且在行使权力时没有得到广泛的拥护。庞培在公民大会上提出的一项法案规定，凯撒的行省总督任期延长五年，叙利亚被指派给正在策划对帕提亚（Parthia）开战的克拉苏。就大体的品格而言，克拉苏虽然非常正直且远离卑鄙的欲望，但却毫无底线地放纵自己对金钱的贪婪和对荣誉的追求。在他动身前往叙利亚时，平民保民官们徒劳地用凶

---

① 公元前 58 年。

② 公元前 58—前 50 年。

③ 公元前 55 年。克拉苏与庞培曾于公元前 70 年一起担任执政官。不正当之处在于他们利用保民官的否决权，阻止选举的举行，直到科尔涅利乌斯·莱恩图卢斯和卢奇乌斯·玛尔奇乌斯·腓力——此二人反对他们的候选资格——任期结束。

兆警告他，试图加以阻止。如果他们发下的诅咒仅仅降于克拉苏一
人，而军队都安然无恙，那么克拉苏的死对国家而言就没有什么不利
的。他当时渡过了幼发拉底河（Euphrates），正在朝塞琉西亚（Seleu-
cia）行军的路上，被帕提亚国王奥罗德（Orodes）率领的不计其数的骑
兵围住，结果同大部分罗马士兵一道殒命沙场①。盖乌斯·卡西乌斯
（Gaius Cassius）——他日后将犯下一桩极其残忍的罪行②，但在当时
担任财务官——营救了残余的一部分军队。他不仅保住了叙利亚与罗
马人民的联盟关系，而且凭着最终到来的好运，成功地战胜并击溃了
越界的帕提亚军队。

2.47. 就在这一期间——包括接下来的和前面提到的那些年——
凯撒击杀了大约四十万敌军，俘获的敌人数量更甚于此。他经历了无
数次激战，率领了无数次行军，无数次包围敌军或被敌军包围。他两
次攻入不列颠。在他经历的九场战役中，每一场都完全值得举行一场
凯旋式。他在阿莱西阿（Alesia）取得的战功③是一介凡人根本不敢去
冒险从事的，几乎没有人而只有神才能完成这样的伟绩。

大约于凯撒在高卢的第四年，庞培之妻尤利娅去世了。④ 她是联
合凯撒和庞培的一根纽带——由于他们互相嫉妒对方的权力——甚至
在她活着的时候就艰难地维系着二人的团结；对于这两个注定要通过
如此大规模的战争一决胜负的人，机运好像决定切断他们之间所有纽
带，因为尤利娅生下的庞培的幼子⑤也随即夭亡。之后，由于选举的
骚动导致了无休无尽的武装冲突和公民流血，庞培在没有同僚的情况

---

① 公元前 53 年的卡莱之战。
② 刺杀尤利乌斯·凯撒。
③ 公元前 52 年。《高卢战纪》第七卷中有提及。
④ 公元前 54 年。
⑤ 李维《罗马史》摘要 106 和苏埃托尼乌斯《神圣的尤利乌斯传》26 均作"儿子"；狄
奥·卡西乌斯《罗马史》39.64 作"女儿"。

下第三次当选执政官①，甚至之前一直反对他担任执政官的那些人都表示赞成。他凭此荣誉——它似乎表示庞培与贵族派的和解，并且最重要的是使他疏远了凯撒——获得称赞。然而，庞培在这一执政官任期内，动用自己的全部权力去限制选举权的滥用。

正是在此时，身为执政官候选人的米洛因一场争吵而在布维利(Bovillae)杀死了普布利乌斯·克洛狄乌斯。② 这虽是一个不好的先例，其本身对国家却是一桩贡献。米洛被带到法庭，一方面是由于他本人的罪行，另一方面确实是因为庞培的影响，结果被判定有罪。事实上，加图公开宣称应该赦免米洛。假如他投票投得早些，那么人们就会追随他，支持除掉这样一个之前戕害共和国、与所有善良公民作对的人（克洛狄乌斯——中译者注）。

2.48. 不久之后，内战的第一个火星被点燃了。所有心存公正的人都希望凯撒和庞培解散军队。当时处于第二个执政官任期③的庞培已将西班牙诸省划归自己管辖。他虽然因正在管理罗马城的诸多事务而无法亲往西班牙管理，却通过手下的副将们统治了西班牙三年。其中一位是阿弗拉尼乌斯(Afranius)，另一位是佩特雷乌斯(Petreius)，前者位列执政官等级，后者位列大法官等级。对于那些主张凯撒应该解散军队的人，庞培予以支持；但对于那些主张庞培应该解散自己的军队的人，他却加以反对。假如庞培在内战爆发前两年，在他出资建造的剧院及其周围的一系列公共建筑完工后，就病殁于坎帕尼亚，使得整个意大利都为她最杰出的公民祈祷平安，那么机运就会失去打倒他的机会，他也有机会将自己一生的伟大品格带进一座完好无损的坟墓中。然而，正是平民保民官盖乌斯·库利奥(Gaius Curio)，而非其

① 公元前 52 年。
② 公元前 52 年。
③ 公元前 55 年。

他任何人，挑起了内战，开启了那些在未来连续二十年中肆虐的罪恶。库利奥出身高贵，能言善辩，却鲁莽妄为，奢侈放荡，既挥霍自己的，也糟践别人的财富和纯洁的品质。他在作恶方面颇有小聪明，用三寸不烂之舌颠覆国家。没有什么财富和享乐能满足他的欲望。他一开始站在庞培一边，也就是说他当时实际上站在共和一边。之后，他故作姿态与庞培和凯撒作对，但暗地里为凯撒效力。不论他转变立场是出于自发的，还是就像传闻所说的，是因为收受了一千万塞斯退斯①的贿赂，我们都应该存疑。最后，当和平的协定——达成这项协定，凯撒需要本着极其公正的精神，庞培也必须毫无异议地接受——就要以对国家最为有利的结果达成时，库利奥破坏、粉碎了这项协定，让西塞罗为维护共和国的和谐所付出的巨大努力付诸东流。

159

关于这些事件以及之前提到的事情的时间顺序，本书参阅了其他历史学家的佳作，我自己也希望有一天能尽述这些事件。但是现在，我要舍去对昆图斯·卡图卢斯、两位路库卢斯、梅特卢斯以及霍尔坦西乌斯的恭喜——这些人在历经公共事务的成功后没有遭到别人的妒忌，在事业如日中天之时也没有遇到危险，最终都遵循自然之道，安详地离开了这个世界，至少没有在内战爆发前死于非命——以符合之前的力图简洁的总体计划。

2.49. 在莱恩图卢斯（Lentulus）和玛尔凯卢斯（Marcellus）担任执政官的那一年②，即罗马建城后的第七百零三年，在您，玛尔库斯·维尼奇乌斯担任执政官之前七十八年，内战爆发。双方的统帅一位看起来拥有更合理的理由，另一位拥有更强大的力量；一位徒有其表，另一位拥有真正的实力；庞培有元老院的权力作为支持，凯撒则拥有士兵们的效忠。两位执政官和元老院并非将大权授予庞培，而是

---

① 约合十万英镑或五十万美元。
② 公元前 49 年。

授予他的事业。凯撒并非没有做出有助于和平的努力，但是庞培党人根本不接受他的提议。就那两位执政官而言，其中一位心怀的更多是怨恨，而不是公义；另一位，莱恩图卢斯，除非毁灭国家否则无法自
161 救。玛尔库斯·加图则坚持认为他们应该战斗到死而不是让共和国接受单单一个公民的独裁。这位具有古风的冷峻的罗马人更愿赞扬庞培的事业，那些精明的人则更愿跟随凯撒的领导，因为他们认识到一方的统帅有更高的威望，另一方更有实力。

最后，元老院在拒绝了凯撒——凯撒只要求保留那个行省总督的头衔①和仅仅一个军团——的所有要求后，命令他必须以一介普通公民的身份入城，必须以这一身份顺从罗马人民对他参选执政官的投票结果。凯撒断定这场战争不可避免，遂率军渡过卢比孔河（Rubicon）。② 格奈乌斯·庞培、两位执政官以及大部分元老首先逃离罗马城，之后逃离意大利，渡海前往狄尔拉奇乌姆（Dyrrachium）。

2.50. 在凯撒一方，凯撒在科尔菲尼乌姆俘获了多弥提乌斯和他的军团后，迅速释放了这位指挥官以及其他渴望获释的人们，并且允许他们加入庞培的阵营——凯撒当时向着布隆狄西乌姆追去——以此清楚地表明，他更愿意在国家未受伤害和依旧有谈判余地的情况下结束战争，而非赶尽杀绝逃跑的敌人。发现两位执政官已经渡海后，他回到了罗马城，向元老院和人民解释了他的动机和他在那个位置上的、令人痛苦的不得已之处，声称在这个位置上，他是迫于那些重新武装起来的人而发动战争的。之后，他决定率军前往西班牙。

凯撒的急行军在马西利亚城耽搁了一段时间。马西利亚拥有的更
163 多是忠诚而不是明智的谨慎态度，因为它扮演了一个不适宜的角色，

---

① 此处或许指的是凯撒的提议（阿庇安《内战史》2.32），即他满足于拥有山南高卢（Cisalpine Gaul）和伊利里亚，保留两个军团。

② 公元前 49 年 1 月 12 日或 13 日。

即在两位军事统帅中间充当一位仲裁者，而这种调停只适用于有实力制服那些桀骜不驯的好斗者的人。接下来，面对凯撒充沛的精力和闪电般的行军速度，前执政官阿弗拉尼乌斯和前大法官佩特雷乌斯不再抵抗，率军投降。① 不论是指挥官还是其他人，不论是什么等级的人，只要希望跟随阿弗拉尼乌斯和佩特雷乌斯，凯撒都允许他们回到庞培军中。

2.51. 在接下来的一年②，庞培的军队占领了狄尔拉奇乌姆及其附近地区。庞培从大海对岸的所有行省中征募了诸多军团，以及许多前来助战的步兵和骑兵，还有那些国王、小王和其他臣服于罗马的统治者的军队。通过这样的手段，他组建了一支强大的军队，且正如他所设想的，他的各支舰队也建立起来了，成为一道横亘在海上的封锁线，以阻挡凯撒率军渡过亚得里亚海。但是，凯撒凭借那一贯神速的行军和出了名的好运，不让任何事物阻挡他及其军队渡海，或者阻挡他在中意的任何一个港口停泊，并且首先将军营驻扎在紧靠庞培大营的地方，之后用堑壕和包围工事将其环绕。但是，相较于被围者，缺乏军粮对围攻者来说更为严重。就在这时，科尔涅利乌斯·巴尔布斯（Cornelius Balbus）冒着令人难以置信的危险，进入敌营与执政官莱恩图卢斯——这个人只关心敌人给他本人多少钱——进行了数次会谈。巴尔布斯正是这样一步步地发展的，为日后升至大祭司的职位和获得凯旋式的荣耀铺好了道路，从平民阶层升至执政官阶层。然而，他甚至不是罗马公民的儿子，而是生于西班牙，是个地道的西班牙人。战斗接踵而至，飘忽不定的机运与之相伴随。在一场战斗中③，庞培军取得了胜利，凯撒军则遭遇惨败。

---

①　公元前 49 年 8 月，在伊列达城(Ilerda)。

②　公元前 48 年。

③　参见凯撒《内战记》3.62～70。

2.52. 然后，凯撒率军进入帖撒利，注定要取得胜利。庞培不顾他人的反对，意气用事，追击敌军。大部分的进言者都劝他渡海返回意大利——确实，对于他的党徒来说，没有哪条路比这条路更合适——其他人则考虑到共和派受到的尊重，建议他将这场对他们越来越有利的战争进行下去。

这种作品（篇幅——中译者注）的局限不允许我详述法萨卢斯（Pharsalus）之战[1]——当双方都付出了如此惨痛的流血牺牲时，那充满屠戮的一天对罗马之名来说是如此的可怕——以及罗马的两位巨头之间爆发的战斗、罗马世界中最杰出的两位人物中一位的失败、庞培党中如此多贵族的罹难。但是，有一处细节我不得不提。盖乌斯·凯撒在看见庞培军战败后，首先做的和最关心的事就是宽恕敌人[2]——如果我可以用习以为常的军人的表述方式。不朽的诸神啊！这位赐予布鲁图斯恩惠的仁慈之人后来得到了什么回报啊！（在这场战斗结束后，按照凯撒的命令——中译者注）我们的国家为所有战殁的公民哀悼，除此之外没有哀悼任何一位死去的公民。在那场胜利中，没有什么比这更震撼、更高尚、更荣耀的了。但是，凯撒仁慈的命令反被冥顽的敌人所藐视，因为胜利者宽恕战败者的愿望比战败者接受这一宽恕的愿望更强烈。

167

2.53. 庞培和曾担任过执政官的两位莱恩图卢斯、庞培之子塞克斯图斯（Sextus）、前大法官法沃尼乌斯（Favonius），还有那些被机运选为庞培同伴的人一起逃走。有人建议他前往帕提亚避难，还有人建议他前往阿非利加，因为那里有对庞培赤诚以待的国王尤巴（Juba）；但是，考虑到他曾向托勒密（Ptolemaeus）之父施予的恩惠——托勒密

---

① 公元前48年8月9日。

② 这一普遍的印象得到苏埃托尼乌斯《神圣的尤利乌斯传》75 和阿庇安《内战史》2.80 记载的支持。

虽已脱离童稚而尚未成年，却正在亚历山大里亚执掌王权——庞培决定前往埃及休整。但是，谁会在逆境中记得曾得到过的好处？谁会认为应该对失败者表示感恩？机运的变化何时不会动摇人们的忠诚？按照泰奥多图斯（Theodotus）和阿奇拉斯（Achillas）的建议，在庞培到达埃及时，托勒密派遣使者前去迎接——庞培的身边当时有他的妻子科尔涅莉娅（Cornelia），她是之前在米蒂利尼被带上船的——然后催促他离开商船，上到来迎接他的船①。接受了邀请后，这位罗马的第一公民在一位埃及臣仆的命令下被刺死。是年，盖乌斯·凯撒和普布利乌斯·塞尔维利乌斯（Publius Servilius）担任执政官。② 这位正直和杰出的人物就这样在他五十八岁时死了，当时正值他生日的前夕。在此之前，他曾三次出任执政官，举行过三次凯旋式，征服了全世界，其名声所达到的高度超过了人们的想象。这就是他人生中机运的骤变——不久之前，他已征服了所有的土地，如今却连一处葬身之地都没有。

169

　　关于庞培的年龄，对于那些把庞培（他不仅是位伟人，而且就生活在我们所在的世纪）——很容易从盖乌斯·阿提利乌斯（Gaius Atilius）和昆图斯·塞尔维利乌斯（Quintus Servilius）担任执政官的那一年③算起——的年龄算错五年的人，除了他们那错得离谱的先入之见，我还能为他们找什么借口呢？我多写这番话，不是为了批评别人，而是避免别人对我的批判。

　　2.54. 至于托勒密国王和那些操纵国王的人，他们对凯撒的忠诚并不比曾经对庞培表现出的更多。因为，就在凯撒抵达埃及时，他们阴谋杀害他，最后公然向他发起战争。通过谋杀，他们给了这两位伟

---

①　凯撒《内战记》104 记载这艘船是"小船"（navicula parvula）。
②　公元前 48 年。
③　公元前 106 年。

大的将领——不论是那位活着的，还是那位死去的——理所应得的补偿。（杀害庞培补偿凯撒，或者杀害凯撒补偿庞培——中译者注）

虽然庞培的肉体已然离世，但他的名声却依旧在各地流传。他的党徒在阿非利加拥有强大势力，在那里发动了战争。发起战争的主要人物是尤巴国王和西庇阿——他位列执政官等级，在庞培死去的前两年成为他的岳父。他们的军队由于玛尔库斯·加图的加入而更加壮大。加图不顾行军中的巨大危险，不顾所经地区补给的匮乏，成功地率领自己的军团与他们会师。加图虽然被士兵们推举为统帅，却更愿意听命于西庇阿，因为他曾担任的官职等级不如西庇阿的高。①

2.55. 我曾承诺要做到文笔简洁，对这一承诺的信守提醒着我必须如何迅速地忽略叙述中的细节。凯撒乘胜进入阿非利加。在身为凯撒党领袖的盖乌斯·库利奥战死后，这里就一直为庞培的军队所控制。起初，凯撒军的机运不定，但随后，凯撒往日的好运护佑他击溃了敌人。② 正如对在以前的战争中被击溃的敌人一样，他对这些战败者再次表现出了宽宏与仁慈。

当时，在阿非利加取得胜利的凯撒在西班牙遇到了一场更残酷的战争（我可以忽略击败法纳西斯的战争③不谈，因为这件事只是稍稍增加了凯撒的名声）。"伟大的"庞培之子格奈乌斯·庞培（Gnaeus Pompeius）发动了这场规模巨大而又惨烈的战争。他年富力强，英勇好战；援军从世界各地和依旧追随他父亲伟大之名的那些人中源源不断地涌向他的军营。凯撒往日的好运伴随他前往西班牙；但是，在他经历过的战役中，从未有一场战役对他的伟业而言如此残酷、危险。④ 在双方胜负难料之时，他甚至从马上跳下，冲到士兵的队列前，在自己的

---

① 因为加图之前只担任过大法官。
② 公元前 46 年 4 月 6 日的塔普索斯之战。
③ 公元前 47 年在泽拉(Zela)。此处的叙述脱离了应有的顺序。
④ 公元前 45 年 3 月 17 日的蒙达(Munda)之战。

军队行将退败，并且责骂完机运为他预备了如此的结局后，对士兵们声明自己绝不会后退一步。他请他们想想他们的统帅是谁，他们又打算通过怎样的方式离弃他。结果，恢复士兵们信心的不是勇气，而是耻辱心，而统帅本人则表现出了比士兵们更多的勇气。身负重伤的格奈乌斯·庞培在一片人迹罕至的荒地上被发现，后被处死。拉比埃努斯(Labienus)和瓦卢斯(Varus)在战斗中阵亡。

2.56. 凯撒在战胜了所有的敌人后回到罗马，宽恕了所有曾举兵对抗他的人。这一仁慈的举动几乎令人难以置信。他举办了许多盛大的活动，让全城洋溢着欢娱的气息：有角斗比赛、模拟海战、模拟骑兵战和步兵战，甚至象战，以及持续数天的公共庆祝宴会。他举行了五次凯旋式。① 庆祝高卢战争、本都战争、亚历山大里亚战争、阿非利加战争和西班牙战争胜利的凯旋式徽章分别是用橘木、莨苕、玳瑁、象牙和抛光的白银做成。在他的凯旋式中展示的金钱是变卖战利品所得，略多于六亿塞斯退斯②。

但是，这就是这位伟人——他在所有的胜利中如此仁慈——的命运，即他安享最高权力的时间竟然只有五个月。因为他在十月回到罗马，在三月十五日③遇刺。布鲁图斯和卡西乌斯(Cassius)是这场阴谋的罪魁祸首。凯撒做出让其当选执政官的承诺没能赢得前者，又因为延迟候选资格一事得罪了后者。在阴谋杀害凯撒的人中，还有一些是他的至交——他们的飞黄腾达得益于凯撒党人的成功——这些人是德西穆斯·布鲁图斯(Decimus Brutus)、盖乌斯·特莱博尼乌斯(Gaius Trebonius)，还有其他著名的人物。凯撒的执政官同僚玛尔库斯·安东尼乌斯(Marcus Antonius)一向做事鲁莽，曾通过一个举动招致了

---

① 前四场举行于公元前 46 年，庆祝西班牙战争胜利的凯旋式举行于公元前 45 年。
② 约合五百五十万英镑或两千七百万美元。
③ 公元前 44 年 3 月 15 日。

人们对凯撒的深深憎恶：在卢柏克节当天，就在凯撒坐在讲坛上时，安东尼乌斯将一顶王冠戴在他的头上。凯撒将王冠摘了下来，但是似乎并未在这一举动中表现出不快。

2.57. 鉴于经验，潘萨（Pansa）和希尔提乌斯（Hirtius）的忠告本该得到应有的信任。他们曾经常提醒凯撒，应该用武力捍卫他用武力夺取的权位。但是，凯撒屡次说自己宁死也不愿在恐惧中活着，并且他在寻求人们对他的仁慈的回报时，被那些忘恩负义的人所杀害，尽管诸神已经发出了许多预示危险的征兆。占卜者①之前曾警告过他仔细留心三月十五日；他的妻子卡尔普尼娅（Calpurnia）被一个噩梦所惊，苦苦哀求他在那一天留在家中；他拿到了有关杀害他的阴谋的证据，却没注意去看。但是，命运（fatum）的力量确实是无法避免的；它迷惑了凯撒的心智，注定要扭转他的机运（fortuna）。

2.58. 在布鲁图斯、卡西乌斯和德西穆斯·布鲁图斯杀害凯撒的那一年，前二人担任着大法官的职务，第三位是执政官的指定人选。此三人和其他阴谋者一起在德西穆斯·布鲁图斯的角斗士们的护送下，占领了卡皮托林山。随即，身为执政官的安东尼乌斯召集元老院。卡西乌斯曾主张把凯撒和安东尼乌斯一齐杀死，销毁凯撒的遗嘱，但是布鲁图斯持反对意见，坚持认为公民们不应该杀死除了"暴君"之外的任何人——因为称凯撒为"暴君"可以将他的行为置于更正当的位置。多拉贝拉（Dolabella）——凯撒已提名他为下一任的执政官，有意让他接替自己的位置②——已经获得了束棒（fasces）和象征那个职位的标志。安东尼乌斯召集元老院，扮演起和平保证人的角

177

---

① 他们通常出身于埃特鲁里亚人，能够通过检视祭牲的内脏预言未来。
② 意为在凯撒策划的帕提亚远征期间就任执政官。

色，将自己的儿子们①送到卡皮托林山作人质，以此向那些杀害凯撒的人保证他们会安全地下山。按照西塞罗的意见，元老院支持采用雅典人著名的大赦先例②，颁令赦免刺杀凯撒的凶手。

2.59. 之后，凯撒的遗嘱被公之于众——在遗嘱中，凯撒收养了他姐姐尤利娅（Julia）的外孙盖乌斯·屋大维（Gaius Octavius）。我必须简要说一下屋大维的出身，虽然这一叙述来得有些早。他的父亲盖乌斯·屋大维虽不是贵族出身，却来自非常显赫的骑士家族，其本人是一个尊贵、端方、清正和富有的人。在那些出身高贵的候选人中间，他以最高票数当选大法官。这一荣誉使得他和尤利娅的一个女儿阿提娅（Atia）结为连理。在大法官任期结束后，他在马其顿行省赢得好运，在那里获得了大统帅（*imperator*）的荣誉。他准备回来竞选执政官，却在途中撒手人寰，留下了一个仍很年幼的儿子③。虽然屋大维从小在他继父腓力（Philippus）的家中长大，但他的舅公盖乌斯·凯撒十分疼爱他，视其如己出。在十八岁时，屋大维跟随凯撒前往西班牙作战，之后凯撒让他跟随自己征战，让他和自己共居一屋，同乘一车，并且在他还是个少年时，就让其得享大祭司长的荣耀。内战结束后，凯撒认为应当让屋大维接受广泛的学习，训练他那非凡的天赋，于是送他前往阿波罗尼亚（Apollonia）学习，打算让其日后参加对盖塔人（Getae）和帕提亚人的战争。他的舅公去世的消息甫一宣布，虽然附近军团的百人队队长们以及他们手下的士兵们都愿意为他效劳，并且萨尔维狄埃努斯（Salvidienus）和阿格里帕（Agrippa）建议他接受这些

179

---

① 事实上，或许维勒乌斯仅仅表示单数"儿子"，而且 *liberos*（儿子们）就像在西塞罗《反安东尼乌斯系列演说》（*Phil.* 1.1.1）中的一样，是修辞式的复数。很明显，从 *Phil.* 1.13.31 中可以得知西塞罗只提到"一个"（儿子）。

② 当时在特拉叙布卢斯（Thrasybulus）的率领下，三十僭主的统治被推翻，民主制恢复。

③ 拉丁原文的字面意思为"依旧身着男孩装（*praetexta*）"。

效劳，但屋大维如此迅速地抵达罗马，以至于他在了解到谋杀细节和他舅公的遗嘱内容时，就已经抵达了布隆狄西乌姆。在屋大维即将抵达罗马时，他的一大群朋友出城相迎；在他入城时，人们看到在他的头上，太阳的日轮周围环有一个色如彩虹的光圈，似乎以此要将一顶王冠放在即将成就伟业之人的头上。

2.60. 屋大维的母亲阿提娅和继父腓力不同意他承袭凯撒的姓——因为凯撒的机运（*fortuna*）激起了人们如此的嫉恨——但是掌管共和国和全世界幸福的命运（*fatum*）却护佑着这位罗马之名的第二缔造者和保护者。他那神圣的灵魂于是摒弃了出自凡人智慧的忠告，他宁愿决心冒险去追求最高的目标，也不愿退而求其次，贪图安逸。屋大维更愿相信舅公凯撒给他的意见，而不愿听从他继父的。他说腓 181 力没有权利认为他不配这个姓——而凯撒认为这个姓配得上他。屋大维抵达罗马城后，身为执政官的安东尼乌斯在接待他时态度十分傲慢——出于恐惧，而不是出于蔑视——并且在允许他进入庞培的花园后，勉强给了屋大维一点与他交流的时间；而在不久之前，安东尼乌斯曾不怀好意，含沙射影地说屋大维曾经暗中谋划，企图杀害他。然而，这件事充分暴露了安东尼乌斯不可信赖的品性。随后，身为执政官的安东尼乌斯与多拉贝拉为了实现邪恶的独裁，开始暴露出疯狂的野心。安东尼乌斯将盖乌斯·凯撒存放在俄普斯（Ops）神庙的七十万塞斯退斯的钱财据为己有；记载凯撒的行为的档案由于插入了有关授予公民权和豁免权的记载而遭到篡改；这位出卖公共利益的执政官因为金钱的缘故而修改了他的所有档案。安东尼乌斯决心控制高卢行省——这个省已经被指定给执政官候选人德西穆斯·布鲁图斯，而多拉贝拉已将大海对岸的一些行省揽到自己的手中。在本性如此不同、人生目标如此相异的两个人（安东尼乌斯和屋大维——中译者注）之间，敌对的气氛日益浓厚，结果，年轻的盖乌斯·凯撒每天都成为安东尼乌斯谋害的对象。

2.61. 国家在安东尼乌斯暴政的压迫下萎靡不振。所有人都心怀怨怒，却无人有能力反抗，直到盖乌斯·凯撒①，这位刚过十九岁的少年，身怀惊人的胆量和极高的成就，凭借自己的睿智在代表国家利益——比元老院的利益更为重要——上展现出勇气。他首先召集了他的父亲在卡拉提阿（Calatia）的老兵，之后征募了卡西利努姆（Casilinum）的老兵；其他老兵纷纷效法，在很短的时间内组成了一支整齐的军队。不久之后，当安东尼乌斯见到他的那支军队时——这支军队遵照安东尼乌斯的命令，从大海对岸的各行省出发，在布隆狄西乌姆集结——有两个军团，即玛尔提阿军团和第四军团，在获悉元老院的旨意以及那位勇敢的青年表现出的精神后，举起军旗，投靠了凯撒。为了表彰屋大维，元老院树立了一尊他的骑马雕像。这尊雕像现在还屹立在讲坛上，上面的铭文见证着他的岁月。在过去的三百年中，有机会获得这项荣誉的只有卢奇乌斯·苏拉、格奈乌斯·庞培和盖乌斯·凯撒。元老院委任位列代大法官（*propraetor*）等级的他连同希尔提乌斯和潘萨——此二人都是执政官的指定人选——率军进攻安东尼乌斯。凯撒于二十岁之时，怀着极大的勇气，指挥了穆提纳（Mutina）战役。对德西穆斯·布鲁图斯的围攻战就是在那里爆发的。安东尼乌斯被迫放弃了意大利，在众目睽睽之下耻辱地败走。那两位执政官，一位死在了战场上，另一位在几天后因伤势过重死去。②

2.62. 在安东尼乌斯战败前，元老院主要根据西塞罗的提议，通过了所有关于表彰凯撒及其军队的决议。但是，一旦元老们摆脱了恐惧，他们的真实想法便撕去伪装，暴露出来，而且庞培党人又卷土重来。元老院投票决定，布鲁图斯和卡西乌斯继续占有那些他们当年没

---

①　从他被收养的这一时期开始，屋大维通常被称为盖乌斯·凯撒，而他的舅公尤利乌斯·凯撒则被称为他的父亲。

②　公元前 43 年 3 月。潘萨在高卢讲坛（*Forum Gallorum*）受到致命一击。希尔提乌斯则在几天后屋大维对安东尼乌斯军的进攻中殒命。

有得到元老院批准而强占的诸省；将曾经投靠他们的军队正式地委托给他们；授予布鲁图斯和卡西乌斯管辖大海对岸诸省的所有权力。事实上，这两个人曾发出过声明——起先，他们确实害怕安东尼乌斯手握的重兵，之后则假装恐惧，让安东尼乌斯丧失更多的民心——声称为了确保共和国的和谐，他们甚至已经做好了永远流亡的准备，不会再提供滋生内战的土壤，而且对他们来说，人们意识到他们所做的贡献就是足够的奖赏了。但是，他们一离开罗马和意大利，便在没有得到共和国批准的情况下，按照谋划已久的协议，掌控了诸行省和军队，且装出一副不论走到哪里都是共和捍卫者的模样，甚至从财务官们的手中（在他们同意的情况下）接过了一笔钱——事实上，这些钱是财务官们从大海对岸的诸省运至罗马。所有这些举动当时都得到了元老院的同意和正式批准。元老院投票批准为德西穆斯·布鲁图斯举行凯旋式，大概是因为——多亏了另一个人（屋大维）的帮助——他活着逃了出去吧。希尔提乌斯和潘萨得到了国葬的荣誉。元老院对凯撒没有一句表示，甚至命令前往凯撒军营的使者们只在统帅不在场的情况下与士兵们商谈。但是士兵们不像元老院那样忘恩负义，因为，即便凯撒自己假装没看见元老院的轻蔑之举，士兵们也拒绝在统帅不在场的情况下听从任何命令。正在这时，对庞培党怀着深厚感情的西塞罗表达了自己的意见。他的发言话中有话，说"应该称赞凯撒，然后提升他的地位"①。

2.63. 与此同时，逃跑中的安东尼乌斯翻过了阿尔卑斯山，他起初主动向玛尔库斯·雷必达（Marcus Lepidus）提议联手，但遭到拒绝。当时，雷必达已在私下里被定为接替凯撒的大祭司，虽然西班牙行省已被指定给他，但他仍在高卢逗留。然而，在这之后，安东尼乌斯在雷必达的士兵们面前多次露面。他在清醒时比绝大多数统帅都出

---

① 动词 *tollere* 含义模糊，一方面意为"提升"或"赞美"，另一方面意为"除去"。

色，而雷必达则逊于绝大多数统帅。士兵们在防御工事的后面打开了
一道缺口，将安东尼乌斯迎入。安东尼乌斯依旧默认雷必达为名义上
的指挥者，自己则掌控实际的权力。就在他进入军营时，尤文提乌
斯·拉泰伦西斯(Iuventius Laterensis)，这位曾坚决反对雷必达与安
东尼乌斯——既然他已被宣布为国家公敌——联手的人，发现自己的
建议无用，于是挥剑自杀，至死不渝。之后，普兰库斯(Plancus)和波
利奥都将军队交给了安东尼乌斯。普兰库斯为人不忠易叛，在追随哪
一派的问题上与自己的内心做了长时间的斗争，以及艰难地持守自己
做出的决定之后，假装与他的同僚、执政官候选人德西穆斯·布鲁图
斯联合，因此在急信中试图向元老院献媚，然后又出卖了他。但是阿
西尼乌斯·波利奥坚守自己的决定，始终对尤利乌斯一派保持忠诚，
反对庞培党人。

189

2.64. 德西穆斯·布鲁图斯——他先遭到普兰库斯的背叛，后又
彻底地成为普兰库斯谋害的对象，逐渐地被自己的军队抛弃——当时
沦为亡命之徒，最后逃至一个名为卡梅卢斯(Camelus)的贵族家中避
难，被安东尼乌斯派遣的刺客所杀。就这样，他活该被抛弃，因背叛
曾待他如此优厚的盖乌斯·凯撒而遭到了惩罚。他曾是凯撒最重要的
朋友，却成为杀害他的凶手，而且他在认为凯撒要为那些令人憎恶的
财产——布鲁图斯本人曾从中获利——负全部责任时，却又认为持有
从凯撒手中获得的东西是理所应当的，而对他恩深义重的凯撒则理应
被杀。

在这一时期，西塞罗发表了一系列的演说。这些演说将让安东尼
乌斯遗臭万年。西塞罗用他那非凡的、天才般的口才抨击安东尼乌
斯，而保民官坎努提乌斯(Cannutius)则如烈犬扑食一般，（用言
辞——中译者注）让安东尼乌斯身败名裂。他们二人都为捍卫自由付
出了生命的代价。公敌宣告运动在这位保民官被杀害时展开，随着西
塞罗的死而实质上结束，好像安东尼乌斯这会儿已饱尝了鲜血。当时

雷必达被元老院宣布为国家公敌，就像安东尼乌斯之前被宣布为国家
公敌一样。

2.65. 之后，雷必达、凯撒和安东尼乌斯开始互相通信，商议和约条款。安东尼乌斯提醒凯撒庞培党人当年是多么强烈地反对他的，
191 他们现在已坐到了怎样的高位，还有西塞罗当时是多么热情地歌颂布鲁图斯和卡西乌斯。安东尼乌斯威胁凯撒，如果拒绝他的友好提案，那么他就会加入拥有十七个军团的布鲁图斯和卡西乌斯阵营。他还告诉凯撒当务之急是为一位父亲，而不是为一位朋友复仇。之后，三人在政治上结成了同盟，并且应军队的迫切要求与恳请，安东尼乌斯和凯撒两家实行了联姻，安东尼乌斯将继女(Claudia，克劳狄娅——中译者注)许配给凯撒。在凯撒二十岁结束的前一天，即九月二十二日，罗马建城后七百零九年，在您，玛尔库斯·维尼奇乌斯开始担任执政官的前七十二年，凯撒和他的同僚昆图斯·佩狄乌斯(Quintus Pedius)出任执政官。①

这一年见证了身为大法官的文提狄乌斯(Ventidius)②成为执政官。正是在这座城市，他曾作为在皮凯努姆被俘的俘虏，被押解在凯旋式中。后来，他还活到了为自己庆祝凯旋式的时候。

2.66. 之后，安东尼乌斯和雷必达的复仇——因为双方就像已经被声明的那样，都被宣布为国家公敌，而且都更关心自己从元老院那里遭受了什么损失，而不是得到了什么利益——让苏拉时代剥夺公权的恐怖气氛再度降临。凯撒提出抗议，却无济于事，因为他是以一人之力对抗两个敌人。这个时代最耻辱的事就是凯撒竟然被迫剥夺任何

---

① 公元前43年。

② 公元前43年，在屋大维辞职后担任候补执政官(*Consul suffectus*)。此前，文提狄乌斯与他的母亲曾在同盟战争中被俘虏，并且被押解在公元前89年庞培·斯特拉波(Pompeius Strabo)的凯旋式中。文提狄乌斯于公元前38年庆祝了他自己的凯旋式。

一个人的公权，或者任何人竟然可以剥夺西塞罗的公权。由于安东尼*193*
乌斯的罪行，当西塞罗被斩首，人民遭噤声时，没有一个人敢于举手
捍卫这位这么多年来捍卫祖国和普通公民利益的人。但是，玛尔库
斯·安东尼乌斯，你没有实现任何目的——由于在我胸中汹涌的愤怒
迫使我越过我为自己的写作设定的界限——我要说，你通过悬赏封住
那些高尚的嘴唇，砍下那些杰出的头颅，用给刽子手的钱谋害了一位
如此伟大的执政官和曾经挽救过国家的人，却没有达到任何目的。你
从玛尔库斯·西塞罗那里夺走了一些愁苦的日子、一些古稀的年岁，
夺走了他的生命——这生命死在你们的三头统治下，也比活在你的统
治下幸福；但是，你夺不走他的名声，夺不走他言行的荣耀，不，你
反而使得它们更加彰显。他一直活着，会永存在世世代代人们的记忆
中，与宇宙共长久——这宇宙不论是由机运创造，还是由神意创造，
不论是由于什么原因诞生，他，罗马人中几乎只有他用思想观察，用
智慧理解，用雄才阐明——西塞罗的大名将会与宇宙一起经历漫长的
岁月。安东尼乌斯，所有的子孙后代都会赞扬西塞罗抨击你的演说，
而你对西塞罗所做的一切都会招致子孙后代的咒骂，就算人类从这个
世界上消失，西塞罗的大名也将永垂世间。

　　2.67. 迄今，还没有人能流下足够多的泪水来哀悼这一整个时期
的不幸，更不用说用语言来描述。然而需要一提的是，对于那些失去 *195*
公权的人，他们的妻子表现出了极其伟大的忠贞，他们的被释奴也表
现出了不少的忠贞，奴隶表现出了一些忠贞，儿子们则毫无忠贞可
言。不论他们（安东尼乌斯之流——中译者注）的野心是什么，人们都
很难理解。安东尼乌斯将他的叔叔卢奇乌斯·凯撒列入被剥夺公权的
名单，雷必达对他的兄弟鲍卢斯（Paulus）亦是如此，使得没有什么神
圣的纽带能免于亵渎，甚至可以说这些纽带成了这些暴行的诱因和缘
由。普兰库斯也有足够的权势将他的兄弟普兰库斯·普洛提乌斯
（Plancus Plotius）列入被放逐人员之列。所以跟在雷必达和普兰库斯

凯旋战车后的军队，除了成为公民们咒骂的对象外，还是士兵们嘲讽的对象，就像下面这句话说的：

> 我们的两位执政官战胜的是"日耳曼人"①，而不是"高卢人"。

2.68. 下面，请让我叙述一件事——这件事在应该叙述的地方被我忽略了——因为我要说的这个人不允许我忽略这件事。这个人就是玛尔库斯·凯利乌斯（Marcus Caelius）。他在雄辩和精神上都很像库利奥，虽然在这两方面都胜过他的这位同辈，但与库利奥一样，他也有许多毫无价值的小聪明。就像他的道德一样，他的经济也彻底破产。他拿不出一笔数量上尚过得去的资金去偿还债务。当时，凯撒正在法萨卢斯争夺大权②，他以大法官的身份站出来，要制定法律消除债务。而元老院和执政官都无法阻止他。凯利乌斯寻求米洛·安尼乌斯③——此人敌视凯撒派，因为凯撒派没有召回他——的帮助，在罗马城中掀起暴动，在国家公然发动武装叛乱。他首先被逐出国，之后在图里伊（Thurii）被奉元老院之令的执政官率军击败。米洛也遭遇了类似的机运。在围攻一座希尔皮尼人的城市康普萨时，被一块飞石击中。就这样，这个贪得无厌、只有匹夫之勇的人——他当时正率军与祖国作战——偿还了对普布利乌斯·克洛狄乌斯和国家欠下的血债。

虽然我省略了许多记载，但我应该记述平民保民官玛卢鲁斯·埃匹狄乌斯（Marullus Epidius）和弗拉乌斯·凯塞提乌斯（Flavus Caesetius）④对凯撒表现出的过激的、不合时宜的独立举动。他们指控凯撒谋求称王，欲获得绝对的权力。虽然凯撒屡屡被他们激怒，但他唯一

---

① *Germanus* 意为"亲兄弟"，与"同母异父"或"同父异母"的兄弟相对。同样的双关语亦见于昆体良《雄辩术原理》（Quintilianus, *Institutio Oratoria*）8.3.29（英译者误作3.8.29——中译者注）"*Germanum Cimber occidit*"（辛布里人杀了日耳曼人［兄弟］）。

② 公元前48年。

③ 关于对他杀害克洛狄乌斯的定罪，参见2.47。

④ 公元前44年。

一次发泄怒气就是他通过行使监察官的权力指控他们有罪，并且克制自己不使用独裁官的权力来将其驱逐出国。为此，他感到莫大的遗憾，因为他没有别的选择，要么抛弃往日的仁慈，要么失去尊位。现在，我要言归正传了。

2.69. 与此同时，在亚细亚，多拉贝拉在继任总督之位后，在士麦拿突袭并杀死了其前任盖乌斯·特莱博尼乌斯。他曾深受凯撒之恩，却卑鄙至极，忘恩负义，参与了杀害凯撒的阴谋——要不是凯撒，他不可能获得执政官的高位。多拉贝拉占领了亚细亚并进入了叙利亚后，盖乌斯·卡西乌斯接管了斯塔提乌斯·穆尔库斯（Statius Murcus）和克里斯普斯·玛尔奇乌斯（Crispus Marcius）的强大军团——这两位担任过大法官的人被他们的军队奉为大统帅——将多拉贝拉困在劳狄凯阿城（Laodicea），最后攻下该城，置他于死地。多拉贝拉及时地让奴隶砍断了他的脖子。卡西乌斯还在帝国的那个地区获得了十个军团。玛尔库斯·布鲁图斯则用强夺的手段，在马其顿从玛尔库斯·安东尼乌斯的兄弟盖乌斯·安东尼乌斯（Gaius Antonius）那里，还有在狄尔拉奇乌姆附近从瓦提尼乌斯（Vatinius）那里收编军队，有意改变他们的忠诚，使自己的军队规模达到七个军团。布鲁图斯对安东尼乌斯是被迫作战的，但是对瓦提尼乌斯，却是用自己的名声压服的。因为布鲁图斯比任何一位统帅都更优秀，瓦提尼乌斯则比所有人都低下。他的身体之畸形犹如他的品质之卑劣，他的灵魂看起来住在了一副与其完全相称的皮囊里。

按照《佩狄亚法》（Lex Pedia）的规定——这项法律由凯撒的执政官同僚佩狄乌斯提议——那些杀害凯撒的人都要被放逐。在这时，我的叔叔卡皮托（Capito），一位位列元老等级的人，支持阿格里帕对盖乌斯·卡西乌斯的指控。就当这一切在意大利发生时，卡西乌斯经过一场激战，成功地占领了罗德斯岛（Rhodes）——这是一场极其艰难的战役。与此同时，布鲁图斯征服了吕西亚（Lycia）人。然后，二人的

199

军队都渡海进入马其顿。在那里，卡西乌斯一反本性，始终表现得比布鲁图斯更仁慈。人们很难找到这样的人，他们曾经比布鲁图斯和卡西乌斯受到机运更多的眷顾，或者被机运抛弃得更快，好像她厌弃了他们似的。

2.70. 之后，凯撒和安东尼乌斯率军前往马其顿，在腓立比（Philippi）城附近与布鲁图斯和卡西乌斯会战。[①] 布鲁图斯指挥的侧翼在击败了敌军后，占领了凯撒的军营；因为凯撒正在身染重疾的情况下肩负起一个指挥官的责任，并且他的医师阿尔托利乌斯（Artorius）——他曾经被凯撒在睡觉时表现出的病征所吓倒——力劝他不要待在军营中。在另一面，卡西乌斯指挥的一翼被击溃并基本被控制，损失惨重而退到更高的高地上。卡西乌斯认为他的伙伴的胜利仅仅归功于他本人的好运，于是派一名老兵向布鲁图斯报告在他的方向正在推进的敌军是一支怎样的军队。就当传令兵正在慢慢汇报时，一支军队奔了过来，而他们的标志在尘土中无法辨认。卡西乌斯猜测奔向他的军队是敌军，于是用斗篷盖住头，镇定地将脖子露出，让他的被释奴挥剑砍下。当传信兵说布鲁图斯胜利时，卡西乌斯的头还几乎没有落下。但是，传信兵在看见自己的指挥官倒地身亡后，便说道："我要追随您去死，您的死是我的迟缓造成的。"于是，挥剑自杀。

几天后布鲁图斯与敌军会战，遭遇失败。他率军撤退，在黄昏时撤至一座小山上，在那里劝说他的家人、爱琴城的斯特拉托（Strato of Aegaeae）帮助他自杀。布鲁图斯将左手举过头顶，右手抓住斯特拉托的剑，将其移向自己的左乳头的位置，即心脏跳动的地方，然后猛扑上去，结果被一剑刺穿，倒地身亡。

2.71. 接替布鲁图斯和卡西乌斯掌权的是一位杰出的年轻人墨萨

---

① 公元前 42 年。

拉(Messala)。虽然有人怂恿他指挥军队，但他更愿意将自己的生命寄托于凯撒的仁慈而不是再一次发动胜负难料的战争。就凯撒而言，没有什么胜利比饶恕科尔维努斯一事更令他喜悦，哪怕是在战争中取得的胜利。没有谁的忠诚能超过科尔维努斯对凯撒的忠诚。没有哪场战争让如此多杰出的人物流血牺牲。在那场战斗中，加图的儿子战死；同样的机运还带走了路库卢斯(Lucullus)和霍尔坦西乌斯(Hortensius)——这两位杰出公民——的儿子。瓦罗(Varro)在临终时，嘲讽安东尼乌斯，用最自由的演说预言——这预言最终实现了——安东尼乌斯应得的死亡。尤利娅·奥古斯塔(Julia Augusta)的父亲德鲁苏斯·李维乌斯(Drusus Livius)，以及昆体利乌斯·瓦卢斯(Quintilius Varus)没有恳求敌人的仁慈，结束了自己的生命。李维乌斯在帐篷中自杀了；瓦卢斯佩戴上他所任官职的勋章，然后让他的被释奴杀死了他。

2.72. 这就是机运为玛尔库斯·布鲁图斯一派预备的结局。他死时三十七岁，直到这一天为止——在这一天，他仅仅因为一个轻率的举动，结束了自己，失去了自己的生命和崇高的品德——他一直保持着灵魂的纯洁。至于卡西乌斯，他的将才犹如布鲁图斯的美德一样突出。对于他们二位，人们会更愿意将布鲁图斯视作朋友，而把卡西乌斯当作令人畏惧的敌人。此二人，一位有更多的勇气，另一位拥有更多的美德。就像把国家交给凯撒比交给安东尼乌斯更好一样，如果布鲁图斯和卡西乌斯都是胜利者，那么，让布鲁图斯统治比让卡西乌斯统治更好。

格奈乌斯·多弥提乌斯(Gnaeus Domitius)——就是我们不久前看到的卢奇乌斯·多弥提乌斯(Lucius Domitius)，这位杰出而高贵朴素之人的父亲，以及当今的那位年轻杰出的格奈乌斯·多弥提乌斯(Gnaeus Domitius)的祖父——率领了一支舰队，在众多同伴的追随下，独自一人率领自己的党人，将自己托付给嬗变的机运。斯塔提乌斯·穆尔库斯，这位统帅海军舰队和海巡舰队的人，率领着自己手下的那部分军队和委托给他的那部分舰队，投靠了"伟大的"庞培之子塞克斯图斯·庞培（Sextus Pompey）。当时，庞培已从西班牙返回，占据了西西里。那些被剥夺公权的人——机运已原谅了他们——至少已免于眼前的危险，当时从布鲁图斯的军营、意大利和世界其余各地蜂拥向庞培那里。对于当时这些没有合法地位的人而言，任何一位首领都可以投靠，因为机运没有给他们机会，而是提供了一个避难地，并且当他们从死亡的风暴中逃出时，任何一个避难地都是一处港湾。

2.73. 塞克斯图斯是个没有受过教育的年轻人，言辞粗俗，野心勃勃，在紧急情况下动作有力而迅速，在忠诚方面与其父截然相反。

207 他由于羡慕那些身处高位却只服从最卑贱之人的人，因此成为他的被释奴们的被释奴，奴隶们的奴隶。自安东尼乌斯从穆提纳逃出后，并且就在指派布鲁图斯和卡西乌斯前往大海对岸的诸省时，元老院，这个基本上依旧由庞培党人控制的地方，将塞克斯图斯从西班牙召回——在那里，大法官波利奥·阿西尼乌斯在几场战役中战胜了他——将他父亲的财产给了他，命他守卫海岸。正如我们之前说过的，通过占领西西里，让奴隶和逃亡者入伍，庞培已招满了几个军团。他放纵自己和手下的军队四处劫掠，借助墨纳斯（Menas）和墨奈克拉泰斯（Menecrates）——他们是他父亲的被释奴，掌控着舰队——的力量进行掠夺式的海盗远征，侵扰大海；在这片曾被他的父亲平定和管辖的大海上，他就像海盗一样如此凶残地劫掠，却无羞愧之心。

2.74. 在击败布鲁图斯和卡西乌斯一党后，安东尼乌斯依旧想前往大海对岸的诸行省。凯撒返回了意大利，在那里他发现情况比自己所预料的要糟得多。执政官卢奇乌斯·安东尼乌斯（Lucius Antonius）——他和他兄弟有同样的缺点，却丝毫没有他兄弟偶尔表现出的美德——先在老兵面前诋毁凯撒，然后煽动那些在分配土地和殖民地时失去农地的人加入军队，靠着这样的手段组建起一支庞大的军队①。在另一个地方，安东尼乌斯的妻子富尔维娅（Fulvia）——此人除了在 209 性别上，在其他方面根本算不上一个女人——当时正通过武装暴乱制造大规模的混乱。她占领了普莱内斯特作为其行动的基地；安东尼乌斯在所有地方被凯撒击败后，躲进了佩露西亚（Perusia）；普兰库斯，这个支持安东尼乌斯一派的人，提供的只是口头上的支援，却没有实质性的帮助。多亏了自己的神勇和一贯的好运，凯撒在腥风血雨的佩露西亚战场上取得了胜利。他将安东尼乌斯毫发无伤地释放了；然而，对佩露西亚人民的暴行更多的是出于士兵们的愤怒，而非凯撒本人的意愿。这座城市被烧毁了。纵火者名叫马其顿尼库斯（Macedonicus），是当地的首领。他在放火烧掉自己的房子和里面的东西后，用剑刺穿自己，然后跳进火中。

2.75. 就在同一时期，在前大法官和大祭司提比略·克劳狄乌斯·尼禄（Tiberius Claudius Nero）——提比略·凯撒的父亲，他品行高贵，曾受过良好的教育，当时主动站出来保护那些失去土地的人——的推动下，战争在坎帕尼亚爆发。这场战火很快被平息，余烬则在凯撒到来后灰飞烟灭。

谁能充分地表达出自己在看到机运的变化和世事的无常时表现出的惊讶呢？对于和自己当时的机运不同的机运，谁会不希望获得呢？对于一个和自己期望的机运相反的机运，谁会不害怕呢？以李维娅（Livia）为例。她，勇敢而高贵的德鲁苏斯·克劳狄阿努斯（Drusus Claudianus）之女，一位在出身、真诚、美丽上均极其卓越的罗马妇女，她——我们之后会看到她成为奥古斯都的妻子、他封神之后的女 211 祭司和女儿——当时恰恰在凯撒，这个即将成为她丈夫的人的军队面

---

① 公元前 41 年。

前是个逃亡者，正怀抱着她两岁大的婴儿。这个婴儿就是现在的元首提比略·凯撒，注定要成为罗马帝国守护者和上述的凯撒之子①。李维娅沿着可以躲避士兵刀剑的小道逃跑，仅由一个侍从陪伴——这样更方便在逃跑时掩人耳目——她最终到达海边，与丈夫尼禄一齐乘船逃往西西里。

2.76. 我必须谈及我祖父的荣誉——我本应将这一荣誉给一个陌生人。盖乌斯·维勒乌斯(Gaius Velleius)曾被格奈乌斯·庞培选为三百六十个法官②之一，可谓荣耀备至，后在庞培、玛尔库斯·布鲁图斯和提比略·尼禄手下担任过工兵长官，地位仅次于统帅。后来，他离开了尼禄的那不勒斯——他之所以加入尼禄一派，是因为他们的亲密友情——他觉得自己年老体衰，无法继续协助尼禄，于是在坎帕尼亚用剑刺死了自己。

凯撒允许富尔维娅毫发无伤地逃离意大利，并且允许普兰库斯同她一起逃跑。至于波利奥·阿西尼乌斯，就在他率领七个军团长期统辖安东尼乌斯治下的维尼提亚(Venetia)之后，以及在阿尔提努姆(Altinum)和那一地区的其他城市的附近取得了一些辉煌的战绩之后，他率领这些军团前去与安东尼乌斯会合，就在这时，他成功地劝说多弥提乌斯加入了安东尼乌斯的阵营，向他许诺了豁免权。直到这时，多弥提乌斯依旧未被俘获。此人正如我们之前说过的，曾于布鲁图斯死后离开他的阵营，组建了一支由自己指挥的舰队。鉴于波利奥的这一做法，任何公正的法官都会认为他对安东尼乌斯做出的贡献与安东尼乌斯给他的好处一样多。这时，安东尼乌斯返回意大利，凯撒正准备战争，这些都增加了人们对战争的恐惧。但是，二人最终在布隆狄

213

---

① 通过合法的收养。
② 在庞培执政之时，法官(iudices)按照相同的比例，从元老、骑士和司库官(tribuni aerarii)中挑选。

西乌姆达成和约①。

就在这时，卢福斯·萨尔维狄埃努斯(Rufus Salvidienus)开始实施他罪恶的计划。这个出身极其卑微的人，在获得那些国家的最高荣誉后仍不知足。他是继格奈乌斯·庞培和凯撒本人②后首位当选执政官的骑士，却妄图攀到这样的高位——让凯撒和共和国都拜服在他的脚下。

2.77. 之后，为了回应民众的一致要求——民众由于海上海盗肆虐而饱受粮价高涨之苦——在米塞努姆(Misenum)附近，庞培也促成了一次和平。③ 庞培在船上招待了凯撒和安东尼乌斯，并且就在这艘船上，他不无针对地强调他正在"他自己的船骨上"举行宴会，从而令人想起那个曾经矗立着他父亲的房子、如今却被安东尼乌斯占据的地方。④ 根据这个协议，西西里和阿凯亚被划给庞培，但是他鲁莽的性格是不会让他忍受这个协议的。通过这个会议，他只给自己的祖国带来了一个好处，即按照契约规定，那些被剥夺公权的人，还有因为其他原因在他那里避难的人，都应该获准安全归国。其他一些著名的人物，如尼禄·克劳狄乌斯(Nero Claudius)、玛尔库斯·西拉努斯(Marcus Silanus)、森提乌斯·萨图尔尼努斯(Sentius Saturninus)、阿尔伦提乌斯(Arruntius)和提提乌斯(Titius)因此得以回国。可是，至于斯塔提乌斯·穆尔库斯——他在率领自己强大的舰队加入庞培的阵营后，使庞培的力量增加了一倍⑤——他由于被诬陷，结果在西西里被庞培所杀，而墨纳斯和墨奈克拉泰斯则一直对这样一位同僚表示

215

---

① 公元前 40 年。

② 即屋大维。

③ 公元前 39 年。

④ 卡利奈(*Carinae*)意为"船的龙骨"，是罗马的凯利乌斯山(Caelius Mons)和埃斯奎林山(Esquilinus Mous)之间的一片住宅区。

⑤ 穆尔库斯曾是卡西乌斯的舰队长官，但是共和派在腓立比战败后，他带着舰队前往西西里，投靠塞克斯图斯·庞培。

厌恶。

2.78. 就在这一时期，玛尔库斯·安东尼乌斯娶了凯撒之姊屋大维娅。当时，庞培已回到了西西里，安东尼乌斯回到了大海对岸的诸省——在那里拉比埃努斯（Labienus）发动了大规模的军事行动，给诸省带去了恐慌；他当年在离开布鲁图斯的军营后前往帕提亚，之后率领一支帕提亚军队进入叙利亚，并且杀害了安东尼乌斯的一员副将。多亏了文提狄乌斯英勇作战，罗马军队才在战斗中杀死了拉比埃努斯①，还杀死了许多帕提亚最精壮的年轻人和帕提亚王子帕科卢斯（Pacorus）。

在这一时期，凯撒由于希望自己的士兵们能免于怠惰——这个军纪的最大敌人，而正在伊利里库姆（Illyricum）和达尔玛提亚（Dalmatia）频频发动战争，通过提升他们对危险的忍受力、增加他们的作战经验来锻炼军队。同样在这一时期，刚从执政官职务上退下的卡尔维努斯·多弥提乌斯（Calvinus Domitius）当时在西班牙担任总督。他执行严格的纪律，在严厉程度上堪与古风的严苛相比。正是凭借这样的军纪，他打死了一位名叫维比利乌斯（Vibillius）的首席百人队队长②，以惩罚他临阵脱逃的怯懦行为。

217

2.79. 正当庞培的舰队实力和他的声望与日俱增时，凯撒决心肩负起这场新战争的责任。玛尔库斯·阿格里帕（Marcus Agrippa）负责指挥舰队，招募士兵和桨手，并且使他们熟悉海军竞赛和策略。他拥有出色的品格，永不疲倦，很少睡觉，英勇无敌，为人忠诚，但只忠于一个人，而且也渴望去指挥别人；不论他做什么，都不会做出拖延

---

① 公元前 38 年。

② 这项刑罚被称作"鞭笞刑"（*fustuarium*），用于惩罚逃兵。当一位士兵被判定犯下临阵脱逃的罪行，军事保民官会用一根木棍轻碰他，而整个军团的士兵会用木棍、石头击打他，通常情况下会当场使其毙命。

之类的事，凡事言行一致。他在阿佛纳斯湖（Avernus）和卢克利努斯湖（Lucrinus）组建起一支庞大的舰队，通过每天的训练，让士兵和桨手们掌握了各种关于陆战和海战的知识。凯撒率领着这支舰队，在迎娶李维娅——在预示有利于国家的情势下，李维娅的前夫[①]将她许配给了凯撒——之后，在西西里向庞培宣战[②]。但是，这个不会被凡人的力量战胜的人（屋大维——中译者注），在这时被机运之神的手重重击倒，因为他的舰队在维利亚（Velia）和帕里努卢斯海角（Cape Palinurus）附近遭遇热风的袭击，失去了大部分船只。这场风推迟了战争结束的时间——这场战争随后一直伴随着多变的和经常飘忽难测的机运。因为，凯撒的舰队在同一地点再次遭遇了暴风雨的袭击，并且虽然在阿格里帕的率领下，凯撒军在米莱（Mylae）取得了第一场海战的胜利，但是，在庞培的舰队出其不意地抵达后，就在凯撒眼皮底下，凯撒军于陶洛梅尼乌姆（Tauromenium）附近惨败，凯撒本人也险些遭遇不测。由凯撒的副官科尔尼菲奇乌斯（Cornificius）率领的军团一登陆就差点被庞培军击败。但是，机运的反复无常在这一危急时刻因为凯撒军勇敢的作战而有所减弱；当双方的舰队都停止战斗时[③]，庞培几乎失去了所有的战船，然后逃往亚细亚，在那里他在将领和恳求者的身份之间摇摆，时而竭力维护自己的尊严，时而恳求活命，结果他向玛尔库斯·安东尼乌斯求助，安东尼乌斯却派提提乌斯杀了他。对于提提乌斯的这一做法，人们怨怒了许久；后来，提提乌斯在庞培建造的剧院里举行庆祝娱乐，在节目上演时甚至被人们的咒骂声赶了出去。

219

　　2.80. 在与庞培作战时，凯撒就已召集雷必达率领十二个军团，

---

① 提比略·克劳狄乌斯·尼禄。李维娅与他已育有一子，即日后的提比略元首。
② 公元前 38 年。
③ 公元前 36 年瑙洛库斯（Naulochus）海战。

即平时一半的军队，从阿非利加赶来。雷必达此人极其反复无常，从来没有靠着自己的品行赢得机运长时间的眷顾。他因为当时更靠近庞培的军队，于是将庞培的军队吞并——虽然这是按照凯撒的命令而不是他本人的命令——并且得到了这部分士兵对他的忠诚。在军队扩充至二十个军团后，他如此疯狂，以致将这场胜利——虽然这场胜利与别人的胜利相比根本算不上什么，而且他抵制凯撒的计划，总是坚持某些令他人不愉快的事情，从而推迟了这场胜利——完全归功于自己，而且厚颜无耻地命令凯撒离开西西里。相比此时的凯撒，西庇阿和其他古时的罗马统帅都没有这样的胆量或是采取更勇敢的行动。他虽然没有带任何武器而只有行军斗篷护体，除了自己的名声外什么都没有带，就进入了雷必达的军营。那个无赖命令士兵们朝凯撒投掷武器，但凯撒都躲了过去。虽然他的斗篷被一支长矛刺穿，但他还是英勇地取走了一个军团的鹰徽。由此，人们就可以知道两位统帅的区别。士兵们追随了手无寸铁的凯撒，而雷必达虽全副武装，却在拥有那个地位的第十年——他没有做出一件能配得上这一地位的事——被士兵们和机运双双抛弃。他身穿一件深色斗篷，藏在涌向凯撒的士兵队列中间，就这样臣服于凯撒的脚下。凯撒保全了他的性命和他对自己的财产的所有权，但是剥夺了他的高位——正如他表现出的那样，他没有能力继续担任这一职务。

2.81. 紧接着，在那里突然爆发了兵变；兵变爆发的原因经常是：士兵们在倚仗自己人多时，便破坏纪律，并且对于他们能够用强求的手段得到的东西，没有耐心通过请求的方式获得。兵变之所以被平定，一部分是因为元首的严厉，一部分是因为元首的宽宏①，而且就在同时，相当多的人迁入那片已经收归国有的坎帕尼亚的殖民地（通

---

① 在公元前 27 年之前，屋大维还不是正式的元首（princeps）。

过将老兵们安置在那个殖民地）①；克里特的一部分土地被列作殖民　　
地②，那里每年能缴纳的税收更多，可达一百二十万塞斯退斯③；一
条高架水渠也准备修建——这条水渠在今天既是给人们带来健康的非
凡工程，也是一道风景。

　　在这场战争中，阿格里帕凭借出色的战绩赢得了海军冠冕④的荣
耀。之前还没有罗马人戴过这顶冠冕。凯撒在凯旋罗马的途中发表声
明，称自己打算拨出一片他曾通过代理商购买的房屋，以作公用——
原先他打算将其作为一块自由地，供他本人使用。此外，他还许诺建
一座有柱廊环绕的阿波罗（Apollo）神庙，且完全由他个人出资。

　　2.82. 在那个夏天——凯撒如此成功地结束了西西里的战事——
命运女神虽然对凯撒和共和国的事务关怀有加，却在东方宣泄她的怒
气。安东尼乌斯率领十三个军团在相继穿过亚美尼亚和米底后，沿着
这条线路，历经艰险，抵达帕提亚，正遇他们的国王（Phraates Ⅳ，
普拉阿特斯四世，参见 2.91.1——中译者注）。⑤ 一开始，他失去了
两个军团以及他们的所有辎重和军械，副官斯塔提阿努斯（Statianus）
也战死了；之后，他的整支军队遭遇最可怕的危险，有好几次遇险，
他都认为自己逃不掉了。在损失了不少于四分之一的兵力后，他因一
个俘虏的忠诚和建议而得救，不过这个俘虏是罗马人。他在克拉苏军　　

---

　　① 狄奥·卡西乌斯在《罗马史》49.14 中的记载为这句佚失的话提供了依据："凯撒通
过这种方式暂时让士兵们平静下来。他立刻将钱，并且在不多久后将土地给予他们。由于
政府当时掌握的土地无法满足士兵们的要求，因此他购买了更多的土地，尤其从卡普阿的
坎帕尼亚人那里购买了相当的数量，因为他们的城市需要许多殖民者。作为回报，他还为
他们建造了被称为尤利亚供水系统的工程。这是始终令他们自豪的原因之一，而格诺索斯
人的居住地区依旧受其恩惠而丰饶。"

　　② 位于格诺索斯（Gnosos）。

　　③ 约合一万英镑或五万美元。

　　④ *Corona classica* 或者 *Corona navalis*（海军冠）是一顶金质冠冕，上面有船首图案，
授予曾摧毁一支敌军舰队的海军司令。在一座青铜浮雕中，阿格里帕即头戴这样一顶冠冕。

　　⑤ 公元前 36—前 35 年。

队战败的灾难中被俘，却没有因为机运的改变而变节。他趁着夜色来到了一处罗马人的前哨站，告诉他们不要沿着原计划的路线行进，而是绕道从森林里穿过去。正是这一行动挽救了玛尔库斯·安东尼乌斯及其众多军团。但即便如此，正如我们已经提到的，还是有不少于四分之一的士兵阵亡，三分之一的后勤人员和奴隶死去，几乎所有的辎重装备都失去了。然而，安东尼乌斯称这一溃逃为胜利，因为他成功地逃命了！在历经三个夏天之后[①]，他回到亚美尼亚，设计抓住了国王阿尔塔瓦斯德斯（Artavasdes），用锁链——考虑到俘虏的地位，那条锁链是金的——将其捆住。之后，由于他对克娄奥帕特拉（Cleopatra）的爱欲越来越强，品行也随之越来越邪恶——因为这些恶行经常被权力、放纵和谄媚所滋养——他决定对自己的祖国开战。他之前曾发布命令，称自己应被称为新的酒神利贝尔（Liber），并且事实上，在亚历山大里亚举行的游行上，他就扮演起利贝尔，头戴藤叶冠，身穿缀有黄金的红袍，手执酒神杖，足蹬高筒靴，驾着酒神马车。

2.83. 就在这场战争的准备期间，普兰库斯投向凯撒一边。他之所以这样做，既不是由于确信自己正在选择正义的一方，也不是出于对共和国和凯撒的爱——他总是与共和国和凯撒作对——而是因为此人背叛成性。他曾是那个女王面前最卑躬屈膝的谄媚者，一个比奴隶还没有尊严的食客[②]；他还曾经担任过安东尼乌斯的书记官，是安东尼乌斯做出的那些最丑恶行为的始作俑者和教唆者；为了钱，他可以为任何人做任何事；在一个宴会上，他扮演起海神格劳库斯·涅瑞伊得（Glaucus the Nereid），赤裸着身体跳舞，身上涂满蓝色的颜料，头戴一圈芦苇，身后套上鱼尾，匍匐而行。当时，他由于贪污腐败的确

---

① 公元前 34 年。
② 食客虽然是自由民，却只能依靠富人和有权势的人庇护。维勒乌斯的意思似乎是普兰库斯与奴隶的地位差别仅仅在于普兰库斯出身自由民。

凿证据被发现而受到安东尼乌斯冷遇，于是投靠凯撒。此后，他甚至将胜利者的仁慈说成是对他自身功绩的认可，声称凯撒对他的某些事称许有加，而实际上凯撒不过是宽恕了这些事。不久之后，他的叔叔，那位提提乌斯也如此效法。当普兰库斯在被安东尼乌斯抛弃后不久，在元老院里对不在现场的安东尼乌斯发起那些难以启齿的攻击时，克珀尼乌斯（Coponius）——他是普布利乌斯·西利乌斯（Publius Silius）的岳父，是一位高贵的大法官——不无中肯地反驳道："赫拉克勒斯作证，安东尼乌斯在你离开他之前一定做了很多事。"①

2.84. 之后，在凯撒和墨萨拉·科尔维努斯（Messala Corvinus）担任执政官的那一年②，那场决战在阿克提乌姆（Actium）上演。凯撒一派的胜利在战斗之前很久就已注定。一方的统帅和士兵们都摩拳擦掌，另一方则是毫无士气；一方的桨手们强壮有力，另一方的桨手们则因为军资匮乏而体力不支；一方的船只尺寸适中，灵活快速，另一方的船只除了看起来强大外一无是处；没有人叛变凯撒，但每天都有人逃离安东尼乌斯的阵营，投靠凯撒；国王阿明塔斯（Amyntas）也已投向更好和更有优势的一方。至于德利乌斯（Dellius）则是旧习不改，背叛了安东尼乌斯，投靠了凯撒，就像之前背叛多拉贝拉、投靠卡西乌斯，然后又背叛卡西乌斯、投靠安东尼乌斯一样。杰出的格奈乌斯·多弥提乌斯——他是安东尼乌斯手下唯一一个拒绝向女王行礼而只用名字尊称她的人——在巨大的和即将到来的危险中，投靠了凯撒。最后，在安东尼乌斯和他的军队的眼皮底下，玛尔库斯·阿格里帕袭取了莱乌卡斯（Leucas），占领了帕特莱（Patrae），控制了科林斯，并且在决战之前两次打败了敌方舰队。

229

---

①　这句话的意思是如果普兰库斯对安东尼乌斯的抨击属实，那么普兰库斯在被安东尼乌斯抛弃前，一定参与了不少安东尼乌斯干的坏事。克珀尼乌斯以此不点名地批评了普兰库斯。——中译者注

②　公元前31年。

2.85. 接下来，大决战的那一天到了。在那场战斗中，凯撒和安东尼乌斯率领着他们的舰队，一位为了世界的安宁而战，一位为了世界的毁灭而战。凯撒舰队的右翼由玛尔库斯·卢利乌斯（Marcus Lurius）指挥，左翼由阿尔伦提乌斯指挥，而阿格里帕负责指挥海战全局。凯撒——他正等待着那场战斗中机运召唤他的时刻——出现在战场各处。指挥安东尼乌斯舰队的是普布利科拉（Publicola）和索西乌斯（Sosius）。此外，在陆地上，凯撒的军队由陶卢斯（Taurus）率领，安东尼乌斯的军队由卡尼狄乌斯（Canidius）率领。在战斗开始时，一方无所不备——统帅、桨手和士兵，而在另一方，只有士兵。克娄奥帕特拉首先逃走；安东尼乌斯宁愿跟着女王溜走，也不愿与士兵们并肩奋战，而这位统帅的职责本应是严厉处置逃兵，如今却成为自己军队里的一名逃兵。安东尼乌斯的士兵们甚至在没有统帅的情况下，还一直奋勇作战，直到战死才对胜利感到绝望。凯撒——他希望用言语去战胜那些他本可以用剑杀死的人——不停地向对方的士兵们高呼，告诉他们安东尼乌斯已经逃跑，不停地问他们为谁而战和与谁作战。但是，安东尼乌斯的士兵们在为他们的那位逃跑的统帅战斗了很久以后，才不情愿地放下了武器，放弃了胜利，因为在他们请求饶恕和活命之前，凯撒就已答应了他们这些。很明显，（在安东尼乌斯的军中——中译者注）士兵们扮演了出色的指挥官，而指挥官则扮演了怯懦的士兵，以致有人可能会问假如安东尼乌斯取得了胜利，是出于克娄奥帕特拉的意愿还是他自己的意愿呢？因为安东尼乌斯选择逃跑，正是克娄奥帕特拉的意思。当卡尼狄乌斯在追赶仓皇逃命的安东尼乌斯时，后者的陆军也投降了。

2.86. 有谁——在如此简洁的作品的篇幅内——愿意试着描述这一天降临在世界上的祝福是怎样的，或者去描述国运发生了怎样的变化？凯撒在胜利后广施仁慈；没有人被处死，但有一些人被流放了，因为他们连成为恳求者的资格都没有。就这位统帅表现出的仁慈，我

们可以推测凯撒之前本可以如何温和地利用自己的胜利——假如他被
允许这么做，不论是在他的三头同盟开始时，还是在腓立比平原上。
但是，在处置索西乌斯的事情上，索西乌斯正是由于卢奇乌斯·阿尔
伦提乌斯（Lucius Arruntius）——一位因有古时威严的作风而闻名的
人——帮他作保才得以活命；之后，凯撒赦免了他，只是在很长一段
时间内，他不愿意对索西乌斯施与仁慈。我们不应忽略阿西尼乌
斯·波利奥的嘉言懿行。因为，他虽然在布隆狄西乌姆和约达成后一
直待在意大利，也从来没有见过埃及女王，并且没有在安东尼乌斯迷
恋埃及女王而堕落后为这位统帅积极地效劳，但是当凯撒让他跟随自
己一起去阿克提乌姆时，他回答道："我为安东尼乌斯做得太多了，
安东尼乌斯对我的恩情人尽皆知；因此，我希望远离你们之间的争
斗，并且成为胜利者的战利品。"

2.87. 在接下来的一年中，凯撒追击克娄奥帕特拉和安东尼乌斯，
进入亚历山大里亚，在那里结束了内战。安东尼乌斯随即自杀①，以
自己的死摆脱了人们对他缺少男子气概的指责。至于克娄奥帕特拉，
她在欺骗了她的守卫者后，偷偷地将一条毒蛇带到身边，让蛇把自己
毒死，丝毫没有流露出一个女人的恐惧之情。正是由于凯撒的机运和
仁慈，没有人因为曾经拿起武器反抗他而被他处死，或是被他下令处
死。而杀死德西穆斯·布鲁图斯的恰恰是安东尼乌斯的残忍。至于塞
克斯图斯·庞培，虽然凯撒战胜了他，但杀害他的还是安东尼乌斯，
即使安东尼乌斯已经保证不会贬黜他的地位。至于布鲁图斯和卡西乌
斯，他们没有等到胜利者们表露态度，便结束了自己的生命。关于安
东尼乌斯和克娄奥帕特拉的死，我们已经说过了。至于卡尼狄乌斯，
他表现的更多的是对死亡的恐惧，而不是信守那些他说了一辈子的言

---

① 公元前 30 年。

论①。在谋害凯撒的人中，最后一个被处死的是帕尔玛(Parma)的卡西乌斯(Cassius)，特莱博尼乌斯则是第一个被处死的。

2.88. 正当凯撒在阿克提乌姆和亚历山大里亚忙于结束内战时，玛尔库斯·雷必达(Marcus Lepidus)，一个相貌英俊却性格鲁莽的年轻人——他是为了重建国家秩序而加入三头同盟②的雷必达之子，也是布鲁图斯的妹妹尤尼娅(Junia)之子——谋划在凯撒返回罗马时杀害他。当时，罗马城的守卫由盖乌斯·梅凯纳斯(Gaius Maecenas)负责。此人虽属于骑士阶层，却血统高贵；当需要他的时候，他可以说是不眠不休地工作，并且能迅速地预见即将做什么，然后巧妙地付诸实施；但是当他有了任何休息的机会而脱离公务时，他在懒散和追求温柔奢靡上可以说甚于妇人。虽然他的荣誉比阿格里帕的少，但凯撒对他的欣赏并不亚于对阿格里帕，因为他对骑士托袈的窄镶边③完全知足。他本可以获得一个不逊于阿格里帕的职位，却没有这样的野心。梅凯纳斯悄悄地、仔细地隐藏自己的行动，揭露出那个头脑发热的年轻人的计划，以令人难以置信的速度粉碎了雷必达的阴谋，并且在没有扰乱人们和诸事的情况下，铲除了一场新的、重燃的内战的不祥苗头。雷必达本人因他不明智的阴谋而遭受了惩罚。他的妻子塞尔维莉娅(Servilia)必定与之前已经提到的④安提斯提乌斯的妻子一样名垂青史，因为她吞下了火烫的木炭，虽然香消玉殒，却在人们的心中得到了永远的纪念。

2.89. 关于凯撒返回意大利和罗马——在他面前行进的人群，所有阶层、年龄和等级的人对他归来表现出的热情，他的凯旋式的壮观

---

① 他曾夸口说自己不畏惧死亡。
② 与安东尼乌斯和屋大维。
③ 与元老阶层托袈的宽紫边形成对比。
④ 参见 2.26。

以及他给予的精彩表演的盛大——所有这些内容甚至在正规的史书叙述范围内，都不可能被充分地叙述，更不用说我这本内容有限的著作了。人们向诸神祈求的、诸神赐予人们的、人们所能想象的、好运能够带来的，奥古斯都在回到罗马时，无不给共和国、罗马人民和全世界带去了。内战在持续了二十年后终于结束，对外战争减少，和平再次降临，各地的人们都放下了疯狂的武器；法律重新恢复了效力，法庭重新树立了权威，元老院重新获得了尊严；官员们的权力被削弱到了以前的水平，唯一的例外就是在已有的八位大法官外又新设了两位。共和国的古老形式得以重建。田园恢复了生产，宗教恢复了人们的虔敬，人们摆脱了焦虑而恢复了自由，每个公民的财产都重获保障；为了公众的福祉，古老的法律得到了有效的修订，新的法律得以通过；元老院的改革温和而不失严谨。那些曾经获得过凯旋式和身居高位的政要（的塑像——中译者注），奥古斯都请他们装点城市。只有在执政官的事情上，凯撒无法实现自己的愿望，而是被迫连续担任了十一届，虽然在这期间他经常推辞；然而，人民执意要授予他独裁官一职，他坚决地拒绝了。讲述由他指挥的战争、他的胜利带来的世界和平、他在祖国和在意大利之外的丰功伟业，会让一个作家倾其一生投入这项工作而疲惫不已。至于我自己——我牢记着我作品的构想范围——我已决定在读者们的眼前，仅仅呈现一幅他的元首政治（*principatus*）的概览图。

239

2.90. 正如我们已经说过的，当内战结束后，四分五裂的国家开始自我恢复生机，因一系列战争而支离破碎的诸省也开始联合在一起。达尔玛提亚这个反抗罗马长达一百二十年的行省被平定了，明确承认了罗马的统治权。遍布蛮族的阿尔卑斯山也被征服了。西班牙诸省在几场由凯撒亲征或由阿格里帕指挥的大战后，也被平定了——当时，阿格里帕凭借与元首的友谊而第三次出任执政官，不久之后又与元首共同担任保民官。罗马军队第一次进入这些行省是在西庇阿和塞

241　姆普罗尼乌斯·隆古斯（Sempronius Longus）担任执政官的那一年①，即第二次布匿战争——这场战争由格奈乌斯·西庇阿（Gnaeus Scipio），即阿非利加努斯的叔叔指挥——的第一年，距今二百五十年前。在两百年的岁月中，斗争一直伴随着双方如此巨大的流血牺牲，以至于罗马人经常由于损兵折将而蒙受耻辱，有时帝国甚至濒临灭亡。这些就是令两位西庇阿（大西庇阿的父亲和叔叔——中译者注）丧命的诸省。在这些行省中，与维利阿图斯长达十年的屈辱战争给我们的祖先带去了持久的灾难；与努曼提亚人的战争带来的恐慌也令罗马人心惊胆寒；在这里，昆图斯·庞培曾耻辱地投降——元老院并不承认他与敌人达成的协议；曼奇努斯曾签订更耻辱的投降协定——它同样被元老院否决了，它的制定者则被可耻地交给了敌人；正是西班牙，毁灭了如此多身为执政官和大法官的指挥官，并且在我们父辈们生活的时代，使得塞多留的力量发展得如此强大，以致在那五年中，我们很难确定西班牙和罗马的军队力量孰强孰弱，双方的人民谁注定臣服于谁。之后，凯撒·奥古斯都在大约五十年前给了这些如此辽阔、如此人口众多、如此好战的行省如此的和平：此前它们从未免于残酷的战争，当时却在总督盖乌斯·安提斯提乌斯（Gaius Antistius）、之后的普布利乌斯·西利乌斯及其继任者们的治理下享受和平，甚至摆脱了盗贼的威胁。

243　　　2.91. 就在西方持续和平时，在东方，帕提亚国王向奥古斯都归还了奥罗德国王在克拉苏兵败时②缴获的以及他的儿子普拉阿特斯（Phraates）在击败安东尼乌斯时缴获的罗马军旗。在普兰库斯的提议下，在整个元老院和全体罗马人民的一致欢呼声中，凯撒实至名归地

---

①　公元前 218 年。
②　在 2.46 有所提及。

被授予了"奥古斯都"的头衔。① 但是，还是有人不愿意看到国事的繁荣景象。例如，卢奇乌斯·穆勒那（Lucius Murena）和凡尼乌斯·凯皮奥（Fannius Caepio）曾参与过谋杀凯撒的计划，却被国家机关逮捕，并且因为企图通过暴力实现阴谋而被法律制裁。② 此二人的性格迥然不同，除去这次暗杀行动不谈，穆勒那本可能是一个正直之人，而凯皮奥在犯下这桩罪行之前就是一个极恶之人。不久后，卢福斯·埃格纳提乌斯（Rufus Egnatius）也做出了同样的举动③，他在各方面更像是一个角斗士，而不是一位元老。在担任营造官期间，为了博得人们的支持，他组织自己的奴隶们去灭火，就这样他在人们心中的威望日增，最终在卸任营造官后，立刻被人民授予大法官之位。没过多久，他大胆地去竞选执政官，但由于自己的那些人尽皆知的无耻行径和罪行而落败，而他的经济也陷入了困境，犹如他的精神陷入了绝望一样。因此，靠着一帮聚集在他身边的同类，他妄图谋杀与他水火不容的凯撒，以期能够活到除掉凯撒之后。这些人的本质就是如此，他们每个人都宁愿死于一场大规模的灾难，也不愿意独自死去，虽然两者最终的命运是一样的，但他们更愿意轰轰烈烈地死。但是，他在保密方面做得不如别人成功，在与同谋一起被投进监狱后死去了，死得完全罪有应得。

2.92. 我们不应忽视一位卓越之人的杰出作为。这个人就是大约在此时④担任执政官的盖乌斯·森提乌斯·萨图尔尼努斯（Gaius Sentius Saturninus）。当时，凯撒不在罗马城，正忙于处理亚细亚和东方的诸多事务，忙于将"奥古斯都的和平"福祉亲自带给诸国。在这种情况下，碰巧凯撒不在罗马，森提乌斯意外地成为唯一的执政官。

245

---

① 公元前 27 年。
② 公元前 22 年。
③ 公元前 19 年。
④ 公元前 19 年。

他采用古代执政官们严明的统治制度，执行一项古时的严格和非常坚决的总政策。他将税吏们的欺诈伎俩公之于众，惩治他们的贪婪之举，将公共财产收归国库。尤其在主持选举时，他更表现出一位执政官的风采。对于那些他认为不符合财务官选举资格的参选人，他禁止他们提名，并且当他们执意参选时，森提乌斯威胁道，如果他们要去玛尔提乌斯广场①，他就要行使执政官的大权。对于埃格纳提乌斯——他当时正处于民望的顶峰，希望在担任大法官后接着担任执政官，而在此之前，他已在担任营造官后接着担任大法官——森提乌斯禁止他成为候选人。森提乌斯在此举失败后，发誓即便民众选举埃格纳提乌斯为执政官，他也不会报告选举结果。我认为这一做法堪比古时执政官们的任何一项著名的举动。但是，我们很自然地更喜欢称颂耳闻之事而不是目睹之实；我们以妒忌之心面对当下的人们，而以敬仰之心面对古昔的伟人；相信我们在前者面前黯然失色，而从后者那里得到教益。

247

2.93. 大约在埃格纳提乌斯的阴谋暴露三年前，在穆勒那和凯皮奥(Caepio)结成阴谋团伙的那一年，即距今五十年前，玛尔库斯·玛尔凯卢斯(Marcus Marcellus)，奥古斯都的姐姐屋大维娅之子，在为庆祝自己当选营造官而举办了一场盛大的表演后去世②，去世时还非常年轻。人们认为，如果凯撒遭遇不测，玛尔凯卢斯就会接替他的权位，但人们也认为，这一过程必定会招致玛尔库斯·阿格里帕的反对。据说他是一个品质高贵的年轻人，有着与自己的地位相称的出色头脑和良好性情。在他死后，阿格里帕——他之前曾以执行元首命令为借口前往亚细亚，但是据现在的传言说，他当时是出于对玛尔凯卢斯私下的怨恨而暂时离开的——从亚细亚回到罗马，娶了凯撒的女儿尤利

---

① 选举举行之地。
② 公元前 23 年。

娅(Julia)①为妻。尤利娅曾经是玛尔凯卢斯的妻子，她的孩子们②之后既没有给她本人，也没有给国家带去福祉。

2.94. 我曾记叙过，在提比略三岁时，其母李维娅——德鲁苏斯·克劳狄阿努斯之女——由其前夫提比略·尼禄亲自转嫁给了凯撒③。年轻的提比略在名师门下受教，拥有极其高贵的出身、健美的体魄、堂堂的威仪，以及在自身天赋基础上的出色教育，他很早就显示出一位伟人——他现在就是如此——的样子，并且通过仪容展现出了青年元首的风采。在此期间，十九岁的提比略·克劳狄乌斯·尼禄(Tiberius Claudius Nero)以财务官之职开始了公务生涯。当时，遵照他继父的命令，提比略如此老练地解决了粮食供应的难题，缓解了奥斯提亚(Ostia)和罗马的缺粮情况，以至于从他对使命的执行中，人们能明显地看出他注定要成为多么伟大的人物。不久之后，他受继父委派，率军前往东方诸省巡视，恢复当地的秩序，并且在世界的那片地区，展现出他的诸多品质的光辉。他率军团进入亚美尼亚，将其再次纳入罗马人民的统治之下，并将王位授予了阿尔塔瓦斯德斯。帕提亚人的国王④——他对一个如此伟大名字的声望感到敬畏——甚至将自己的孩子们作为人质，献给凯撒。

2.95. 当尼禄返国之时，凯撒决定在一场规模不小的战争中考验

---

①　奥古斯都与他的第一任妻子斯克利波尼娅(Scribonia)所生的女儿。

②　尤利娅与阿格里帕的孩子有：尤利娅，曾是埃米利乌斯·鲍卢斯之妻，后因为与西拉努斯(C. Silanus)通奸，而被她的外祖父奥古斯都放逐至特莱麦卢斯岛(Tremerus)；大阿格里披娜(Agrippina)，日耳曼尼库斯之妻，后被提比略流放至潘达特利亚岛(Pandateria)；盖乌斯与卢奇乌斯，后被奥古斯都视作继承人而收养(他们的英年早逝参见 2.102 的叙述)；阿格里帕·珀斯图姆斯(Agrippa Postumus)，于公元 4 年被奥古斯都收养，但之后被其流放至普拉纳西亚(Planasia)岛，在提比略即位时被一位百人队队长杀害于此。

③　参见 2.79。英文版为"See Chap. LXXI. 19"，实际应为 2.79.2 提到凯撒迎娶李维娅。

④　普拉阿特斯四世(公元前 29—前 28 年，公元前 26—前 2 年在位)——中译者注。

他的能力。在这场战争中，凯撒命尼禄的胞弟德鲁苏斯·克劳狄乌斯——李维娅在嫁到凯撒家后生了他——与他协同配合。两兄弟从不同的方向，对莱提人（Raeti）和文德利奇人（Vindelici）发起进攻。虽然这些部族有天险为屏障，交通不便，人数众多，凶猛好战，但是他们在猛攻众多的城镇和营寨，以及成功地进行对阵战后——虽然敌人伤亡惨重，但罗马军队面临的危险比实际损失多——彻底征服了这些部族。①

此前，普兰库斯和鲍卢斯（Paulus）同时担任监察官——其间他们彼此不和，但这既没给他们自身带来荣誉，对共和国也无甚益处，因为在任职期间，他们两人一个缺乏精力，另一个则缺乏品格。鲍卢斯几乎无法胜任监察官之职；而普兰库斯本应畏惧这一职位，他既不能对年轻人提起任何诉讼，也不能听取别人提起诉讼，而且意识不到自己虽已年老，却符合这些诉讼的指控。

2.96. 之后，玛尔库斯·阿格里帕去世了。② 他虽然身为"新人"，却凭借众多的功绩为卑微的出身增添了荣誉，甚至贵为尼禄③的岳父④；他的儿子们，也就是元首的外孙，被奥古斯都收养，取名盖乌斯（Gaius）和卢奇乌斯（Lucius）。阿格里帕之死拉近了凯撒与尼禄的关系，因为曾是阿格里帕之妻的凯撒之女尤利娅，当时嫁给了尼禄。

不久后，潘诺尼亚战争——在您的祖父玛尔库斯·维尼奇乌斯（Marcus Vinicius）担任执政官那年，由阿格里帕发动——由尼禄指挥。这场战争极其重要而艰难，并且由于近在眼前而成为意大利的威胁。我会在别处描述潘诺尼亚人（Pannonian）诸部和达尔玛提亚人中的诸族，他们的国土、河川状况，军队的数量和规模，以及这位伟大

---

① 公元前 15 年。
② 公元前 12 年。
③ 在所有这些章节中，"尼禄"均指之后的元首提比略。
④ 提比略之前曾娶阿格里帕与庞珀尼娅（Pomponia）之女阿格里披娜为妻。

的指挥官在战争中赢得的众多荣耀的胜利；我眼前的工作必须要遵循 253
设想。获得这场胜利后，尼禄举行了一场小凯旋式①。

　　2.97. 但是，就在帝国这一方的一切事务都在成功地加以解决时，正在日耳曼的副将玛尔库斯·罗利乌斯（Marcus Lollius）——他总是渴求金钱而非正直的品行，具有邪恶的习好，尽管他竭力遮掩——遇到了一场灾难，失去了第五军团的鹰徽。这促使凯撒离开罗马城，前往高卢诸省。负责这场战争②的重任随后被授予了德鲁苏斯·克劳狄乌斯（Drusus Claudius）。他是尼禄的弟弟，一个被赋予了许多伟大品质——这些品质是凡人的本性所能够获得的，是凡人通过勤奋所能彰显的——的年轻人。很难说，他的天赋是更适于军旅还是政务；不论如何，他性格中的魅力和亲切感以及对待朋友们的平易近人的态度，据说一直无人可以模仿。至于其个人的仪表之美，则仅次于他的兄长。但是，就在让大片日耳曼地区臣服后——其间，日耳曼人的鲜血遍洒各处的战场——残酷的命运却在他任执政官之年，即他三十岁那一年，夺去了他的生命。之后，负责指挥这场战争的重任转到尼禄的肩上。他以往日的英勇和好运将战事推进下去。在一次胜利的战役中，他横贯日耳曼的所有地区，且没有让所率军队有任何损失——因为他将这视作头等重要之事——之后征服了这个国家，使其几乎沦为一个纳贡的行省。此后他获得了第二次凯旋式，并再度出任执政官。 255

　　2.98. 就在我们所讲述的这些事在潘诺尼亚和日耳曼发生时，色雷斯（Thrace）发生了一场激烈的叛乱，它的所有部族都拿起了武器。这次叛乱被卢奇乌斯·披索（Lucius Piso）的英勇所敉平——时至今

---

　　①　小凯旋式（*ovans*）是一种规模更小的凯旋式。关于小凯旋式与（大）凯旋式（*triumphus*）的区别，参见革利乌斯《阿提卡之夜》（Gellius, *Noctes Atticae*）5.6。
　　②　公元前12—前9年。

日，他仍是最具警觉的，同时也是最为温和的罗马守护者。作为凯撒的副将，他与色雷斯人（Thracian）作战三年，通过一系列的战斗和围城战，给色雷斯人造成了极大的伤亡，以此让这些极其凶悍的部族回到了先前和平的臣服状态。由于结束了这场战争，他重新使亚细亚行省回归安宁，使马其顿恢复和平。对于披索，所有人应该都会认为并且说他的性格是坚毅与温和的完美结合，以及很难有人比他更强烈地热爱闲暇，或是在另一方面，更有才干，能够在不引起我们注意的情况下采取必要的措施。

2.99. 之后不久，提比略·尼禄——他当时已担任两届执政官，举行过两次凯旋式；因与奥古斯都共享保民官之权而地位同尊；是除奥古斯都之外最显赫的公民（而且因为他希望如此）；是罗马最伟大的统帅，既有声名，又有好运；真正是共和国的第二个太阳，位居次席的首脑——由于受到对奥古斯都的某些奇怪到令人无法置信或难以言说的情感的影响，试图离开他的继父（也是岳父），从那无尽的劳碌中抽身休养①。这一行动的真实原因不久便为人所知。由于盖乌斯·凯撒（Gaius Caesar）已穿上成人的托袈，卢奇乌斯也近成年，提比略掩饰了（隐退的——中译者注）理由，即为了让他本人的荣耀不会阻碍正在事业起步阶段的年轻人。我必须要为我这部常规的史书记载国家在这关键时刻的态度、每一个公民的感受、所有人在送别这样一位人物时流下的泪水、国家如何差点就挽留住了他。即使是在这部简史中，我也必须要说，他在罗德斯岛的七年是这样的：所有跨海赴任的行省总督，无论是代执政官（元老院省的总督——中译者注）还是元首任命的总督（元首省的总督——中译者注），都绕道来拜访他，并且在会面时，放低他们的束棒，以此表明他的退隐比他们的官职更配拥有荣

① 公元前6年。

誉，虽然提比略只是一位普通公民——如果这样的威严能够属于一位普通的公民。

2.100. 全世界都发现尼禄从罗马城守护者的位置上离开了。帕提亚人撕毁了与我们的盟约，控制了亚美尼亚。日耳曼在它的征服者不再关注它时发起了叛乱。

而在罗马城，就在奥古斯都和伽卢斯·卡尼尼乌斯（Gallus Caninius）担任执政官的那一年①（即三十年前），奥古斯都在向玛尔斯神庙②献祭时，为罗马人民举办了盛大的角斗比赛和模拟海战，满足他们精神和视觉上的享受。可是在元首家族中却突发一桩丑闻，令人耻于记述又恐于回想。因为奥古斯都的女儿尤利娅，完全不顾她那伟大的父亲和丈夫，对各种可耻的行径无不遍尝——不论她是主动的还是被动的，这些行径都骄奢淫逸得令任何一个妇女都感到羞耻。她习惯于仅仅靠放肆的罪行，来试探自己的好运的界限，而且我行我素，恣意妄为。尤路斯·安东尼乌斯（Iulus Antonius），曾是凯撒仁慈之心的著名见证，不料竟然成为伤害家庭的凶手，为其曾犯下的罪行而自杀了。在其父玛尔库斯·安东尼乌斯被击败后，奥古斯都不仅饶恕了他的性命，还让他担任祭司、大法官和执政官，以及行省总督，并且将自己的姐姐的女儿③许配给他，与其结成最紧密的姻亲。生活堕落沉沦而道貌岸然的昆提乌斯·克里斯皮努斯（Quintius Crispinus）、阿匹乌斯·克劳狄乌斯（Appius Claudius）、塞姆普罗尼乌斯·格拉古（Sempronius Gracchus）、西庇阿（Scipio）以及其他位于元老和骑士等级但名声没有那么显赫的人物，也都受到了应得的惩罚——他们假如诱奸的是一位普通公民的妻子而非凯撒之女或尼禄之妻，也会受到这

259

---

① 公元前 2 年。

② 位于奥古斯都广场的复仇者玛尔斯（Mars Ultor）神庙。

③ 即玛尔凯拉（Marcella），屋大维娅（屋大维之姊）与其前夫玛尔凯卢斯（C. Marcellus）所生之女。

样的惩罚。尤利娅被流放至一座小岛①上,从故国和父母②面前被驱离,尽管她的母亲斯克利波尼娅(Scribonia)伴随着她,并自愿在她的流放途中与她同行。

2.101. 此后不久,曾在各行省旅行的盖乌斯·凯撒——他仅仅是个访客——被派往叙利亚。途中他首先问候提比略·尼禄,态度十分恭敬,如同对待前辈。在他的行省中,他的举止如此多面,以至于给赞美者提供了众多的素材,又给批评者留下了不少口实。在幼发拉底河中的一座小岛上,盖乌斯与风华正茂且仪态不凡的帕提亚国王(Phraates V,普拉阿特斯五世——中译者注)举行会谈,双方的随从人员数目相等,分列两侧。我在担任保民官一职时,有幸在我职业生涯的早期作为一名士兵看到了这一场景:罗马军队位列此侧,帕提亚军队位列彼侧,而这两位杰出的首领不仅代表两大帝国,而且还代表全人类会谈。这确实是个引人瞩目而值得纪念的场面。我在您父亲玛尔库斯·维尼奇乌斯(Marcus Vinicius),以及普布利乌斯·西利乌斯(Publius Silius)的手下于色雷斯和马其顿服役时,已获得军事保民官之职;之后我又踏遍阿凯亚、亚细亚,以及其他东部诸省,攸克星海出口及其两岸。我在回想诸多往事、地点、民族和城市之时,心中充满了欣喜之情。至于这次会谈,首先是帕提亚国王在罗马军队一侧的河岸上与盖乌斯用膳,之后盖乌斯又到敌方的土地上与那位国王共赴晚宴。

2.102. 恰在此时,凯撒经由帕提亚国王得知了玛尔库斯·罗利乌斯——奥古斯都曾希望他担任自己年轻的继承人的顾问——的叛变计划,它们揭露了一个狡诈而又虚伪的灵魂,而流言将这一传闻传播到

① 坎帕尼亚海岸外的潘达塔利亚岛(Pandataria)。
② 维勒乌斯指的是奥古斯都和李维娅。尤利娅的生母当是斯克利波尼娅。

了国外。至于他在此后数日内的死亡，我不知道是出于意外还是自杀。但是，人民对他的死表现出的喜悦之情只有很久之后国家对肯索利努斯（Censorinus）——一个天生就赢得人们好感的人——在同一行省（亚细亚行省——中译者注）的病殁所表现出的悲伤之情才可以相提并论。然后，盖乌斯进入亚美尼亚，开始时战事顺利；但是之后，在阿尔塔哥拉（Artagera）附近的一次谈判中，由于太过相信手下，他被一个名叫阿杜乌斯（Adduus）的人重伤，身体渐趋衰弱，头脑也不能再为共和国做更多的贡献。由于他身边不缺连其过失也大肆谄媚的人——因为阿谀逢迎总是与位高权重相伴相生——结果他更希望在世界的一个遥远角落消耗时光，而不是返回罗马。之后，在返回意大利的途中，盖乌斯在与伤势长期抗争后却依旧事与愿违，在吕西亚（Lycia）行省的一个叫利米拉（Limyra）的城市逝世。① 大约一年前②，盖乌斯的弟弟卢奇乌斯，在前往西班牙的途中殁于马西利亚。

263

2.103. 但是，机运——它已夺去了"凯撒"这个伟大名字的希望③——已让共和国真正的保护者归位。因为在那两个年轻人尚未去世前，在您的父亲普布利乌斯·维尼奇乌斯任执政官的那年，提比略·尼禄自罗德斯岛返回罗马，举国欢庆。凯撒·奥古斯都没有犹豫多久，因为他无须去寻找一个人作为其继承者，而只需选定卓越非凡的提比略。因此，在卢奇乌斯去世而盖乌斯尚在世时，奥古斯都想做而未做的（同时因尼禄本人的强烈反对而受阻），当时在两位年轻人去世后都坚持实施了——即让提比略与他共掌保民官大权——而不顾提比略在私下场合和在元老院的持续反对。在埃利乌斯·卡图斯（Aelius Catus）和盖乌斯·森提乌斯（Gaius Sentius）任执政官之年④的六月二

265

---

① 公元 4 年。
② 公元 2 年。
③ 意为盖乌斯和卢奇乌斯是奥古斯都的亲外孙，提比略只是继子。
④ 公元 4 年。

十七日，提比略被奥古斯都收养，是年为建城以来第七百五十四年，即距今二十七年前。当日的欢乐景象，公民们的聚集，他们在将手伸向诸天时发出的誓言、对罗马帝国的长治久安和万世永存的期望，我即便在这部综括性的作品中也几乎难以尽述，更不用说恰当地处理它。我只好记下对所有人而言那是个怎样吉利的日子。那一天，父母对子女的平安，丈夫对婚姻的圣洁，主人对其财产的安全，所有人对安全、秩序、和平及安宁再次萌生了希望。确实，与之相比，人们很难抱有什么更大的希望，也很难更加幸福地实现它们。

2.104. 就在同一天，尤利娅在阿格里帕去世后生下的玛尔库斯·阿格里帕（Marcus Agrippa）也被奥古斯都收养。但是，在尼禄的收养仪式上，凯撒在惯用语之外加了自己的一句话："我这样做是为了共和国。"可是帝国的捍卫者和战士并没有在罗马被他的祖国留驻很久，而是很快就被派往日耳曼。在那里，三年前，在您的祖父玛尔库斯·维尼奇乌斯，那位杰出人物的管辖期间，爆发了一场规模巨大的战争。在战争持续期间，维尼奇乌斯在某些地区取得了胜利，在另一些地区，赢得了防御的成功。因此，他得到旨意，享用凯旋饰①和表彰其功绩的记功铭刻。

正是在此时，我刚履行完军事保民官的职责，成为提比略·凯撒营中的一名士兵。因为在提比略被收养之后，我旋即受命与他前往日耳曼，继承我父亲的职位，担任骑兵长官（*praefectus equitum*），并且在此后的连续九年中，我或是作为骑兵长官或是作为统帅的副将，目睹他超凡的功业，并尽我平庸的能力进一步协助了他。我不认为凡人会再次看见曾令我欢欣的场景：在意大利人口最为繁盛的各地，在

---

① 因为在帝国时期，元首是严格意义上的总指挥，只有他才能合法地要求举行凯旋式。公元前 14 年后，只有元首家族的人才有资格举行凯旋式。但是，胜利的将军被授予共和时代 imperator（大统帅）的头衔，并且可以穿着胜利的长袍，有权利将凯旋雕像传给子孙后代，以替代凯旋式。

高卢诸省的全部地区，人们——当他们再次看见昔日的指挥官，这位
早在拥有"凯撒"之名以前，就凭借为国效劳的美德而已成为一位凯撒
的人——彼此间互相祝贺，比对提比略的祝贺更为热烈。说实话，语
言难以表达士兵们在见到提比略时流露的感情，我的记述可能令人难
以置信：士兵们在看见提比略时喜极而泣，他们心情急切，在向提比
略行礼时欣喜若狂，渴望能触到他的手，他们情不自禁地呼喊着：
"我们看到的真是您吗？长官！""您又安然无恙地回到我们大家中来了
吗？""我曾为您效力，统帅，在亚美尼亚！""还有我！在莱提亚！""我
从您手上得过勋章，在文德利奇亚！""我是在潘诺尼亚得的！""我是在
日耳曼得的！"

2.105. 提比略立即出兵日耳曼①，征服了坎尼内法特斯人（Can-
ninefates）、阿图阿利伊人（Attuarii）和布卢克特利人（Bructeri），再次
令凯卢斯奇人（Cherusci）——阿尔米尼乌斯（Arminius）就是该族的，
不久就因为我们所蒙受的灾难而闻名——屈服，穿过维苏尔基斯河
（Visurgis），突击对岸的地区。凯撒主动承担战争中困难和危险的任
务，指派森提乌斯·萨图尔尼努斯（Sentius Saturninus）——他曾在日
耳曼作为军团副将，在他父亲麾下服役——率军进行一些不那么危险
的远征。森提乌斯·萨图尔尼努斯是一位具有多种美德、行动有力而
深谋远虑的人。由于曾在军中受过良好的训练，他还能承担起战士的
职责，他同样能自由而优雅地安享劳碌之余的休闲时光，同时有所节
制，以至于人们更愿称他生活得奢华、快乐而非放纵、怠惰。关于这
位伟人的杰出能力及其著名的执政官任期，我已有所论述②。那年的
战役一直拖延至十二月，这让我们从这场伟大的胜利中获取了更多的
利益。虽然阿尔卑斯山几乎被大雪封住了道路，但凯撒出于孝心，回

---

① 公元4年。
② 参见2.92。

到罗马。然而，保卫帝国的职责使得他于初春时返回日耳曼——他曾在离开时，在位于日耳曼核心地带的利珀河（Lippe）源头设立了冬营，成为第一个在那里过冬的罗马人。

2.106. 诸天啊！如果叙述翌年①夏季我们在提比略·凯撒率领下取得的功绩，得需要多么长的篇幅！我军横扫整个日耳曼，征服了迄今为止连名字都几乎闻所未闻的部族；考契人（Chauci）诸部再次臣服。他们年轻人中的精英，虽然人多势众、高大魁健，受其地利所护，却最终缴械，而我军在其侧一列排开，兵甲熠熠生辉，他们与其将领们一起，在我军指挥官的座席前屈膝投降。朗哥巴尔狄人（Langobardi）的势力也被粉碎了，这个部族甚至比日耳曼人还凶蛮。最终一支罗马大军带着军旗渡过莱茵河，长途奔袭四百罗里，抵达易北河（Elbe）——它流经塞姆诺内斯人（Semnones）和赫尔孟杜里人（Hermunduri）的地域。这种事人们甚至从未奢望过，更遑论付诸尝试了。由于统帅周到的计划与好运的完美结合，以及对四季的仔细观察，曾经沿着蜿蜒的海岸行进的舰队，从一片闻所未闻的陌生海域②驶向易北河，在征服众多部族后，携带着各种充足的给养物资，与凯撒和大军会师。

2.107. 即使在这些伟大的事件中，我也抑制不住要插入这么一桩意外小事。我们奉命在之前提到的那条河的此岸扎营，而在河的彼岸，敌军的武器寒光闪闪。我们的水军一有行动和调遣，敌人就打算逃跑。这时，一个年老、魁梧、高贵、通过衣着即可被判明的蛮族人，坐在一艘独木舟中——此舟按照旧法，由一根原木打造——驾着

271

273

————————————

① 公元 5 年。

② 如果维勒乌斯指的仅仅是北海，那么德鲁苏斯之前已经在这一水域航行过，只是没有到如此靠东的位置。

这艘奇怪的船，独自前往河中央，请求能在我军占据的河岸安全登陆，然后觐见凯撒。我军答应了这一请求。然后，他将小船靠岸，在沉默地注视着凯撒许久后，高呼道："我们的年轻人都疯了！虽然，当您不在的时候，他们把您当作神来崇拜，但是当您现身时，他们却害怕您的大军，而不是信任您的庇护。而我，凭着您的惠允，凯撒啊，今天得以目睹以前只是有所耳闻的神！在我的一生中，我从未奢望或经历过如此幸福的一天。"在请求并获准触摸凯撒的手之后，他再次登船，一路上不停地回望凯撒，直到登上对岸。凯撒战胜了沿途的所有民族、国家，他的军队却安然无恙，除了有一次受到袭击。凯撒也通过对敌施计，给他们造成巨大的损失，然后率领他的军团返回冬营，并且就像之前那年一样迅速地返回罗马。

2.108. 在日耳曼，罗马已无可征服的敌人，除了玛可曼尼人（Marcomanni）——他们在首领马洛博杜乌斯（Maroboduus）的号召下离开定居地，撤向了更远的地区，定居于一片被赫尔齐尼亚（Hercynia）森林环绕的平原上。我们不应该抱着匆匆行文的想法而忽略马洛博杜乌斯。他血统高贵，体魄强健，胆识超群，虽出身蛮族，却不乏智慧。他从自己的同胞那里获得的不仅仅是首领的地位——这是内乱、偶然、嬗变和他的臣民任性的结果——而是在心中构想着的一个明确的帝国和王权，并因此决定率领族人远离罗马人，迁徙至一个地方——在这里，他由于逃离了更强大的敌军，因此可以称霸一方。于是，在占领了我们曾提到的地域后，他继续通过战争征服所有邻近的部族，或者通过条约将其纳入自己的统治之下。

2.109. 守卫马洛博杜乌斯的王国的主力军在历经不断的训练后，几乎达到了符合罗马军纪的水平，并很快使他拥有了让我们的帝国都感到震怖的力量。他对罗马的政策是避免用战争激怒我们，同时又让我们明白，他倘若被激怒，也有抵抗的能力和决心。他派去觐见两位凯撒的使节们有时将他介绍为一位恳求者，有时又将其描述成好像与两位凯撒平起平坐的人。那些反叛我们的部族和个人在他那里找到了庇护所，尽管他有些许隐瞒。但在各个方面，他都扮演着敌人的角色，他已将军队扩充至步兵七万、骑兵四千的规模。通过不断地发动对邻族的战争以训练军队，他在为某个比他手上的事业更重大的任务稳步做着准备。他也由于这个原因而令人惧怕：日耳曼位于其定居点的左侧和前方，潘诺尼亚位于其右侧，诺里库姆位于其后方①。各方都害怕他在某一时间杀向他们。由于作为意大利的边境的阿尔卑斯山诸峰距离他的国境不超过二百罗里，因此他令意大利难以摆脱对他不断增强的力量的忧虑之心。就是这样的人和地区，使得提比略·凯撒决心在来年从两个相对的方向予以夹击。森提乌斯·萨图尔尼努斯奉命率领自己的几个军团穿过卡提人（Catti，拉丁文本作Catti，似为Chatti之误——中译者注）的领土，进入波伊奥海穆姆（Boiohaemum）——因为此地为马洛博杜乌斯所占——从环绕此地的赫尔齐尼亚森林中开辟一条道路。与此同时，提比略亲自率军，从距诺里库姆王国最近的据点卡尔努恩图姆（Carnuntum）出发，沿此方向，杀向位于伊利里库姆的玛可曼尼人的军队。

2.110. 机运有时会彻底打断凡人对计划的实施，有时则仅仅推迟。凯撒已在多瑙河（Danube）畔部署冬营，并调集军队在五日内行军至敌军前哨站，而他命森提乌斯·萨图尔尼努斯的军团——他们与敌军几乎是同等距离——将于数日内，在预先定好的集结地与凯撒会师。当时，整个潘诺尼亚因承平日久而日渐骄横，在力量成熟时，突然举兵②，并将达尔玛提亚及其境所有部族拉入自己的同盟。结果，

---

① 即提比略行军至波西米亚（Bohemia）地区。维勒乌斯用"位于前方"表示"位于北方"。"后"表示"南"，"左"表示"西"，"右"表示"东"，虽然潘诺尼亚实际上位于提比略的东南方。

② 公元6—9年的潘诺尼亚战争。

荣耀让位于紧急的事态。在提比略看来，大军深入敌境，并因此将毫无防御的意大利暴露在距离敌人如此之近的地方，似乎并非安全之道。叛乱的部族、部落总数超过八十万。大约有二十万经过军事训练的步兵，还有九千骑兵正在集结中。这支数量庞大的敌军——指挥他们的将领精力充沛，能力出众——兵分三路：第一路决定以意大利为目标，他们与意大利以瑙珀图姆（Nauportum）和特尔格斯特（Tergeste）一线为界；第二路已进军马其顿；第三路则以守卫本土为使命。统帅大权落在了身为将领的巴托（Bato）兄弟与皮恩奈斯（Pinnes）身上。当时，所有潘诺尼亚人不仅知晓罗马人的纪律，还掌握罗马人的语言，其中一些人还在某种程度上会文学艺术，运用智谋在他们当中亦非罕见。赫拉克勒斯作证，我敢说没有哪个民族在实施战争计划和将作战决心付诸行动上如此迅速。罗马的公民们被降服，商人被屠杀；有一支规模相当大的老兵分队，驻扎在一处距离指挥官非常远的地区，结果被屠戮殆尽；马其顿落入敌军手中，各地都被火与剑大肆荼毒。而且，这样一场大恐慌竟然使得凯撒·奥古斯都——他由于在如此多的战争中久经历练而表现出镇定、坚毅的风采——的勇气也因为恐惧而动摇了。

2.111. 因此，征兵开始了。各地的老兵们应召回到军旗下，（罗马公民——中译者注）不论男女均被迫按收入水平提供被释奴作为士兵。人们听说，奥古斯都在元老院宣称如果再不采取防御措施，敌人就会在十天内兵临罗马城下。他号召元老和骑士们为此战效力，并得到了他们的响应。假如没有那位伟人来运筹帷幄，我们所有的战前准备都可能会徒劳无功。因此，作为保卫国家的最后一项措施，共和国请求奥古斯都：应该让提比略指挥这场战争。

在这场战争中，我的平庸之资也得有机会为这光荣的事业贡献力量。就当在骑兵队的服役行将结束时，我被指定为财务官，虽然当时还不是元老，却享有和元老、民选保民官同样的地位，然后率领一部分由奥古斯都委派给我的军队，离开罗马，前往提比略处。之后，在担任财务官期间，我放弃了指派给我的行省，被派往提比略的军队，成为一名元首副将（legatus Augusti）①。

在那第一年中，我们看到了多么可怕的敌军在为战斗而整军备战啊！仰赖统帅的深谋远虑，我们利用了多好的机会躲避了敌人的联军，然后将他们分割开来，各个击破，最终击溃敌人！虽然指挥这场战争的是一位军事统帅，但我们在所有的战事中，看到了怎样的善意和仁慈！他是出于多么英明的判断安排了我们的冬营！我军的前哨部队将敌人封锁得多么严密，以至于敌酋无法从任何一处率军突破，而且通过断绝他的军援，加上他的士兵们的不满，他的力量就会被逐渐削弱！

2.112. 梅萨利努斯（Messalinus）在这场战争中的第一个夏天取得了一场胜利——这场战斗的结局是幸运的，其过程却惊心动魄——为了子孙后代，我必须在此加以叙述。此人的高贵更多体现在内心而非出身。他就像他的父亲那样，完全配得上科尔维努斯之名，也完全有资格将自己的荣名传给他的兄弟科塔（Cotta）。他在伊利里库姆指挥作战，在敌人叛乱伊始，就发现自己深陷敌军重围，只有第二十军团可以施以援手，而且这个军团的力量只有它正式力量的一半。在这种情况下，他击溃了超过两万人的敌军，并因此获得了凯旋饰。

蛮族人对自己军队的人数是如此不满，对自己的军队实力是如此不自信，以至于凡是有凯撒在的地方，便毫无信念可言。直面凯撒本人的那部分敌军，减损人数完全取决于我们的意愿和优势，而且因粮草匮乏而濒临崩溃。我方指挥官发起攻击时，他们毫无抵抗的勇气；当我军给他们一次战斗的机会，让他们展开军阵时，他们也不敢直面

---

① *Legatus Augusti* 是由奥古斯都任命的参谋官，并且隶属于提比略的军队。

我军。他们占据着克劳狄乌斯山（Claudian mountain）①，在众多的营垒后坚守。但是，有一支敌军——他们蜂拥而出，迎战由执政官阿乌卢斯·凯奇纳（Aulus Caecina）和席尔瓦努斯·普劳提乌斯（Silvanus Plautius）正在从大海对岸诸省运来的军队——包围了我军的五个军团，其中包括我们的盟军和那位国王的骑兵（与前述的几位将领一道，色雷斯国王罗厄墨塔尔克斯［Rhoemetalces］率领了一支规模庞大的色雷斯人军队，前去支援作战），发动了一场险些玉石俱焚的战斗。那位国王的骑兵们溃败，盟军的骑兵们四散奔逃，步兵们在敌军面前转身逃跑，恐慌甚至蔓延到了持鹰旗的罗马军团。但是，就在这危急关头，英勇的罗马士兵争相夺取主要的战功，而不是将其留给将军们——这些将军违逆统帅的方针，在侦察兵汇报敌人的所在地之前就准备与敌人交战。在这危急时刻，当一些军事保民官已经被敌人杀死，军营中的长官和一些步兵长官已经战死，许多百人队队长负伤，甚至一些最前线的百人队队长已经牺牲时，罗马的众军团开始互相呐喊助威，向敌人发起猛攻，他们不满足于持续攻击，而是突破战线，彻底摆脱了绝望的困境，夺取了胜利。

285

大约就在此时，阿格里帕——他曾经和提比略在同一天被他的亲外祖父收养，并且在两年前就开始暴露出本来面目——抛弃了他父亲和外祖父②的教诲，由于思想和性情中奇怪的恶念而堕入了鲁莽妄为的邪途；不久后，随着恶行日增，终于死去了。这死亡是他的疯狂行为应得的报应。

2.113. 玛尔库斯·维尼奇乌斯，现在请听我说一件事，这件事证明凯撒在战争中身为一位将军，与他在和平时身为元首一样伟大。当两支军队——即凯撒麾下的军队，还有那些前来支援他的队伍——联

---

① 位于潘诺尼亚的一座山，靠近德拉瓦河（Drave）畔的瓦拉斯丁（Warasdin）。
② 奥古斯都既是他的外祖父，也是他的养父。

合起来时，当时聚集在同一军营内有十个军团、七十多个大队的步
兵、十四个大队的骑兵、一万多名老兵，还有许许多多的志愿兵和那
位国王的庞大骑兵——简言之，自诸场内战后，从未有如此多的军队
聚集在同一地方——所有人看到这一幕时都感到满意，将他们对胜利
的最大希望寄托在这庞大的军队规模上。但是那位统帅——他能够最
明智地判断自己所进行的事——更愿意追求效率而不是大场面，并且
正如在他参与的战争中我们经常看到他所做的那样，他更愿意去做那
些真正值得赞赏的事，而不是去做那些只能博得一时赞赏的事。他先
让刚刚到达的军队稍事休整，让他们从长途行军的疲劳中恢复过来，
然后决定遣送这支军队离开，因为他认为这支军队过于庞大，难以驾
驭，也难以有效地控制。因此他在遣送这支大军返回出发地时，还派
自己的军队加以护送。他们经历了一段漫长而极其艰苦的行军，其中
的困难难以尽述。统帅这样做的意图是：一方面，使得无人敢于袭击
他的联军；另一方面，让大军所经的民族担心自己的所居之地不保，
从而预防联合起来的敌人袭击这支离开的军队。之后，在一个非常寒
冷的冬季伊始，他独自回到西斯奇阿（Siscia），让包括我本人在内的
众副官统率他的冬营。

2.114. 那么现在我要讲述一个细节，这个细节或许没有宏大壮阔
之感，但非常重要，不仅因为它显露出真实的、本质的个人品行，还
由于它的实际用途——它作为一项经历令人极为愉悦，并且它表现出
的仁慈善良引人瞩目。在整个日耳曼战争和潘诺尼亚战争期间，在我
们之中，不论等级高低，只要有人生病，无一例外都会得到凯撒在健
康和福利上的照顾和关心，凯撒的思虑之甚到了如此程度：似乎这件
事确实成了他心中的头等大事一样，即便他已有许多重要的事务缠身
而难以分身。他吩咐设立马拉的交通工具，以备那些需要的人使用，
他自己的轿乘则供所有人使用，而我也是曾享用过的人之一。他的医
师、炊事员，以及沐浴设施，对他自己而言只有一个用途，就是让它

们去服务那些身体虚弱的人。他们所缺少的就是他们的家和家佣，而不缺的就是在家里朋友能为他们提供或向他们要求的东西。让我再叙述下面这项凯撒的品德——就像我已经描述过的那些人——参加了那场战役的任何人都会立刻承认这一品德属实。在众多的指挥官中，只有凯撒总是习惯于骑马行军，并且在夏季战役的大部分时间内，总是在与宾客一起吃饭时才坐下①。对于那些不仿效他严格作风的人，他从不在意，也没有开那些有害的先例。他会经常告诫，有时会加以口头责备，但几乎没有动过刑罚。他处事温和，在大多数情况下都假装看不见，只是偶尔加以训斥。

　　到冬季时，我们结束战争的努力收到了成效——虽然直到来年夏天整个潘诺尼亚才恢复和平——战火已经完全被限制在达尔玛提亚境内。在我的整部作品中，我希望详细地描绘这些成千上万的凶悍的战士——这些有着奴隶身份的人在不久前还威胁意大利——如何拿起武器叛乱，然后在一条名为巴西努斯（Bathinus）的河流畔，一齐在指挥官的面前放下武器投降，并且讲述他们的两名最高指挥官，巴托和皮恩奈斯，一个如何成为阶下囚，一个如何俯首。

　　在秋季，这支胜利的军队返回冬营。凯撒将指挥军队的主要权力都授予了玛尔库斯·雷必达（Marcus Lepidus）。此人无论在名声上还是在机运上都与凯撒们相似。人们越有机会知道和了解他，就越钦慕和喜爱他，并且人们认为他对他那名人辈出的家族而言，犹如锦上添花。

　　2.115. 之后，凯撒将注意力和军队投向他的第二项任务，即达尔玛提亚战争。关于凯撒在这一地区从他的助手和副将、我的兄弟玛吉乌斯·克莱尔·维勒雅努斯（Magius Celer Velleianus）得到的帮助，提比略本人和他父亲的话可以证实。他的这一功劳也因为凯撒在凯旋

291

----

①　在正式的晚餐场合，罗马人斜倚在长榻上。

式上授予他崇高的荣誉而闻名。在入夏伊始，雷必达试图与统帅提比略会合，率军从冬营出发，穿过那些部族——他们还没有经历战争的劫难，因此依旧凶悍而好战——的所居地。他不仅要和野外的艰难困苦做斗争，还要抵御敌人的侵袭。对于那些阻挡他行军的人，他给予沉重的打击：毁坏他们的农田，烧毁他们的房屋，屠戮他们的人口。在此之后，他才成功地抵达凯撒那里，满怀着胜利的喜悦，携带着丰厚的战利品。由于这些功绩——假如它们是在他的率领下取得的，那么他本应得到一场凯旋式——他被授予了凯旋饰，元老院的意见则是赞同两位凯撒的举荐。

此次战役为这场重要的战争画上了成功的句号。达尔玛提亚人的部落佩卢斯泰人（Perustae）与德西阿达泰斯人（Desiadates）——凭着在群山中的要塞、好战的秉性、出色的战斗知识，凭借着所把守的狭窄关隘（这是最重要的），他们几乎无法被征服——最终被平定了，不仅仅是依靠统帅的将才，还有凯撒自身的勇武，并且在敌人几乎被全歼时，凯撒的勇武就成了克敌制胜的唯一因素。

在这场规模巨大的战争中，在日耳曼的诸多战役中，相比统帅的这些品质，没有什么更伟大的事物能进入我的眼帘，唤起我更多的钦慕；那些本来可以通过牺牲众多士兵而赢得一场胜利的机会，在他看来是不适宜的；在他眼里，安全稳妥的方式才是最好的；他对良心的重视甚于对名誉，并且最后一点是，指挥官的计划从未被士兵们的想法所控制，而是军队被它的统帅的智慧所控制。

2.116. 在达尔玛提亚战争期间，日耳曼尼库斯（Germanicus）——他先于统帅被派往野蛮和艰险的地区——有力地证明了自己的勇武。凭借他屡立的战功以及机敏的警觉，达尔玛提亚的长官、总督维比乌斯·珀斯图姆斯（Vibius Postumus）也赢得了凯旋饰。数年前，帕西埃努斯（Passienus）和考苏斯（Cossus）也曾在阿非利加赢得了这项荣誉。他们二人尽管在德行上各有所长，却都德高望重。考苏斯将那个依旧证明他胜利的荣名传给了他的儿子——一个天生就展现出各种优秀品质的年轻人。而与珀斯图姆斯(Postumus)共享战功的卢奇乌斯·阿普洛尼乌斯(Lucius Apronius)，凭借着在这场战役中同样表现出的神勇，赢得了他不久之后获得的荣誉。

关于机运对世间万事的影响有多么大，或许还没有被更有力的证据能证明。而实际上在这里，大量的事例都可以证明机运的力量。例如，埃利乌斯·拉米阿(Aelius Lamia)，一个有着老派作风的人——这个人经常用仁慈之心来调和他那高峻尊贵的古风——曾在日耳曼和伊利里库姆取得了辉煌的战绩，并在不久之后又在阿非利加取得了卓越的战功，但他最终却没能获得凯旋式的荣耀。（之所以如此——中译者注）并不是因为他犯了过错，而是因为缺少机遇。还有普布利乌斯·西利乌斯之子，阿乌卢斯·李锡尼乌斯·涅尔瓦·希利阿努斯(Aulus Licinius Nerva Silianus)，当他声称自己不论是作为一位出色的公民，还是一位忠诚的指挥官，在所有的德行方面无不做到最好时，就连最了解他的朋友给予他的赞美都不够充分。他由于过早地离世，非但没有收获与元首亲密友情结出的果实，也没能实现关于获取权力——这些权力受到了他父亲显赫地位的激励——的设想。如果有人说我在这些人身上费了太多的笔墨，我不会去否认他的批评。在诚实正直的人们眼中，秉持公正而不歪曲误传并非罪过。

2.117. 就在凯撒刚刚结束潘诺尼亚和达尔玛提亚的战争时，就在这一战事任务结束五天之内，从日耳曼来的急信中就带来了瓦卢斯(Varus)之死①和三个军团——包括许多骑兵部队和六个步兵大队——覆灭的噩耗，好像机运至少赐予了我们这一恩惠，即这样一个灾难竟然没有在我们的统帅被其他战争缠身时降临到我们的身上。关于这次战败的原因和将军个人的品质，我需要离题简述一下。

———————————

①　公元 9 年。

瓦卢斯·昆体利乌斯（Varus Quintilius）出身一个著名但并非高贵的家庭。他性格温厚，性情平和，思考问题和身体行动都有些缓慢。他更习惯于度过军营中的闲暇，而不是投身于战场。他对金钱的喜爱在任叙利亚总督期间就显示出来了：他以穷困之身入富裕之省，却以富裕之身离开穷困之省。在被委以统率在日耳曼的军队的重任时，他怀着这样的想法，即日耳曼人是一个徒有发达四肢和大嗓门的民族，他们不可能被剑征服，却可以被法律驯服。怀着这个想法，他进入了日耳曼的腹地，就像走在一个安享和平之福的民族中一样。与此同时，他坐在法官席上，浪费了一场夏季战役的时间，将其用来主持法庭，并且纠缠于法律程序的细枝末节。

299 2.118. 但是，极其凶悍而又十分狡诈的日耳曼人对于那些与他们没有打过交道的人几乎毫无诚信可言，并且他们是个天生就会说谎的民族。他们通过伪造一系列的诉讼案件，时而煽动彼此间的争吵，时而对罗马人表示感激：声称罗马人的公正正在平息这些矛盾，声称他们的野蛮本性正在被一种新颖的、闻所未闻的方式所教化，声称以前经常用武力解决的矛盾如今正在通过法律解决。这些表态使得昆体利乌斯彻底地麻痹大意。他将自己视作一个在讲坛上主持公正的大法官，而不是一个在日耳曼的腹地统率部队的将军。随后出现了一位出身高贵的年轻人，他作战勇敢，心思机敏，拥有高过普通蛮族人许多的智慧。他就是那个国家的王子、希吉麦尔（Sigimer）之子阿尔米尼乌斯。从他的面容和眼睛里，我们能看到他灵魂中的激情。他曾经通过之前的几次战役不停地与我们发生联系，并且被授予了罗马公民权，得享骑士阶层的尊贵地位。这个年轻人利用那位将军的疏忽作为叛乱的机会。他聪明地认识到，无所畏惧的人最易被征服，灾难的开始往往风平浪静。一开始，参与他计划的只有一小撮人，后来队伍变得愈加壮大；他告诉并说服他的士兵们，罗马人是可以被消灭的，要决心301杀死他们，并且定下了实施计划的日子。这一计划被一个名为塞格斯泰斯（Segestes）的人透露给瓦卢斯。塞格斯泰斯是那个民族里忠于罗马的人，而且有着杰出的声誉。他还要求逮捕那些阴谋者。但是，当时命运（fatum）控制了瓦卢斯的计划，蒙蔽了他的心智。确实，天神要改变一个人的机运，就经常会摧毁他的理性，然后让这种最不幸的结果发生，即让意外之事看起来理所应当，偶发之事成为被指责的原因。① 就这样，昆体利乌斯拒绝相信这个报告，坚信日耳曼人受到他仁慈的感化而表现的虚假友谊。在这第一次警告过后，就没有时间留给第二次了。

2.119. 关于这场可怕的灾难的细节，我会像别人一样，在我这部涵盖时间更长的作品中，尽力叙述这场自克拉苏在帕提亚战败以来，在外国土地上降临于罗马人身上的最深重的灾难。总的来说，我只能在这里痛悼这场灾难。一支神勇无比、纪律最为严明、最有力量、最具作战经验的罗马军队，由于统帅的疏忽、敌人的背叛以及机运的残忍，陷入了众多敌人的包围，士兵们连祈求战斗和自救的机会都没有；不，有些人甚至因为使用了武器和展现了罗马人的精神而被重重地惩罚。罗马大军身陷森林、沼泽和伏兵的包围，几乎被敌人消灭殆尽，而恰恰是这些敌人，罗马军队曾杀戮他们就像屠宰牲畜一样，他们的生死曾仅仅取决于罗马人的愤怒或怜悯。那位将军有更多的勇气去自杀，而不是去战斗。他效仿他的父亲②和祖父，举剑自戕。军营中的那两位长官：卢奇乌斯·埃格吉乌斯（Lucius Eggius）成为了一个高尚的楷模，而凯奥尼乌斯（Ceionius）则成了一个卑鄙的典型，后者在大军主力覆灭后打算投降，宁愿被敌人拷打折磨而死，也不愿战

303

---

① 这句话意为人失去理智后，就会产生误判，将意外之事视作理应发生之事，而将失误的原因归结于偶然，却不反思某些必然性的因素。

② 他的父亲塞克斯图斯·昆体利乌斯·瓦卢斯（Sextus Quintilius Varus）在腓立比之战中站在布鲁图斯和卡西乌斯一方。战败后，他请求自己的一位被释奴杀了他，参见2.71。关于他的祖父及其死亡方式，我们缺少相关信息。

死。瓦卢斯的副将瓦拉·努莫尼乌斯(Vala Numonius)在之前的人生中是一个和善、有威望的人，在此时却也成了一个胆怯的典型。他丢下没有骑兵保护的步兵，独自率领着骑兵中队逃跑，企图逃至莱茵河畔。但是机运报复了他的举动。他没有因为离弃那些步兵而得以活命，而是在离弃他们时被杀。瓦卢斯的尸体———一部分被烧掉了——被野蛮的敌人砍碎；他的头颅被砍下并被带往马洛博杜乌斯那里，后又被他送给凯撒；然而，尽管瓦卢斯对这场灾难负有责任，但他的头颅得以享受安葬在氏族墓地的荣耀。

2.120. 听闻这个灾难后，凯撒飞奔到他父亲的身旁。那位罗马帝国坚定的保护者再次肩负起往日的使命。他率兵前往日耳曼，安抚高卢诸省，分派自己的军队，巩固各个军镇。然后，他出于身为伟人的标准，而非敌人——他们用一场当年辛布里人和条顿人曾发动过的战争，来威胁意大利——的傲慢，发动进攻，渡过莱茵河。这样，当他305 的父亲和他的祖国原本会满足于让他住手时，他对敌人发动了战争。他突入敌国腹地，开辟进军之路，毁坏农田，烧毁房屋，击溃了那些前来对抗的敌人，然后在与他渡河的军队没有损失的情况下，身披胜利的荣光，回到了冬营。

我们应该称赞卢奇乌斯·阿斯普莱纳斯(Lucius Asprenas)——他当时正在叔父瓦卢斯手下担任副将，得到了麾下两个勇敢而又强大的军团支持，使他的军队逃离了这场灾难，然后迅速下至下日耳曼，巩固与居住在莱茵河此岸的、正在开始动摇的部族的联盟。然而，有些人相信，他虽然拯救了幸存的士兵们，却将那些与瓦卢斯一起遇害的士兵的财产都据为己有，随意侵占了那些遇难士兵的遗产。军营长官卢奇乌斯·凯狄奇乌斯(Lucius Caedicius)的勇武值得称颂，其他一些人的勇武也值得赞美——他们与凯狄奇乌斯一道被一支数量庞大的日耳曼军队围困在阿里索(Aliso)。因为他们始终在克服一切难以忍受的困难、几乎无法战胜的敌军，严格执行一项深思熟虑的计划，并时刻保持警惕，在这个过程中，他们抓住了机会，用利剑开辟了一条返归友军之路。从所有这些可以明显地看出，瓦卢斯——必须承认，他是一个品质优秀、心地善良之人——失去了他的生命和他那杰出的军队，更多的是因为缺少一个指挥官应有的判断力，而不是士兵们的勇武。在日耳曼人对他们的俘虏发泄怒气时，卡勒杜斯·凯利乌斯 *307*
（Caldus Caelius）——这个年轻人无论在哪个方面都配得上他的世系绵长的家族——做出了一个英勇的举动。他抓住身上的一段链条，用力往头上砸去，以求速死，结果脑浆和鲜血从伤口中喷涌而出。

　　2.121. 提比略在进军日耳曼时，就像他在第一次出征这一地区时那样，展现出相同的勇气，伴随着一样的好运。他在海上和陆地远征敌军，取得大捷，在高卢完成了艰巨的作战任务，通过管制而不是惩罚解决了维也奈西斯人（Viennenses）之间的纠纷。在这之后，他应他父亲的请求，在所有行省和军队中获得与其父同样大的权力，而元老院和罗马人民也是这样命令的。因为这样确实不协调，即处于他保卫之下的诸行省竟然不在他的管理之下，并且他，这个承担拯救国家的重任最多的人竟然没有取得与其贡献相匹配的荣誉。一回到罗马，他就庆祝了战胜潘诺尼亚人和达尔玛提亚人的凯旋式。这场凯旋式早就该为他举行，却因为一系列的战争而推迟。既然这是凯撒的凯旋式，那么谁会对它的壮观感到意外？而又有谁不会惊叹于机运对他的眷顾？因为那些最著名的敌酋并没有在战斗中被我军杀死——军报里本该说明的——而是被活捉，所以提比略能够让他们身披锁链，走在凯旋式中（这句话的意思是提比略当年活捉敌酋，却没有在军报里说明；可能是提比略过于内敛和低调，结果在举行凯旋式的时候，走在队列中的敌酋们令罗马人民感到意外和惊喜——中译者注）。我和我的兄弟（玛吉乌斯·克莱尔·维勒雅努斯——中译者注）均有幸参加了这场凯旋式，周围都是高贵杰出之士或者功勋赫赫之人。 *309*

2.122. 在提比略·凯撒的其他事迹中——在这些事迹中，他那闻名的温和品性光芒闪耀——有谁不会对这件事也感到惊异呢，即他虽然毫无疑问地获得了七次凯旋式，但只对其中的三次感到满意。当他收复亚美尼亚，扶立其国王，亲手将作为忠诚标志的王冠戴在国王的头上，并且将东方的事务处理得井井有条时，他本该受到热烈的欢迎，对此有谁会质疑吗？在征服文德利奇人和莱提人后，他本该作为胜利者，驾着凯旋马车进城，对此有谁会质疑吗？在他被过继后，当他通过连续的三场战役大败日耳曼人时，同样的荣誉本应该授予他，他也本应该接受这些荣誉，对此有谁会质疑吗？在瓦卢斯战败后，当同一个日耳曼被一系列的战役摧毁时——这些战役取得胜利的速度比预想的更快——一场凯旋式的荣耀本应该授予这位完美的统帅，对此有谁会质疑吗？但是，就这个人而言，人们不知道该崇敬他的哪个方面：在招致辛劳和危险方面，他超越了所有的界限；在接受荣誉方面，他却又在所有的界限之内。

2.123. 现在，我们来谈谈那个危急的时刻，之前我们一直怀着极其不祥的预感等待着这一时刻。当时，奥古斯都·凯撒已派遣他的孙子日耳曼尼库斯前往日耳曼结束一些残余的战事，而且正在送他的儿子提比略前往伊利里库姆，以和平手段去巩固他在战争中征服的那些地区。出于两个打算，他前往坎帕尼亚：一是陪送提比略，另一个是出席那不勒斯人（Neapolitan）以他的名义举办的运动会。虽然他的身体已经有恶化的迹象，病情日笃，但他以坚强的意志克服身体的虚弱，陪送他的儿子。在贝内温敦与提比略告别后，奥古斯都前往诺拉。由于他的身体每况愈下，而且他十分清楚，如果他希望让自己身后的一切稳妥，就必须召回提比略，于是他急忙派人将其召回。提比略匆匆赶回，甚至以比预期更快的速度，回到了祖国之父的身边。之后，奥古斯都——他声称自己头脑依旧清楚，在他深爱的提比略的怀抱中，将他们共同的事业传给提比略——说如果命运要召唤他，他已经做好面临死亡的准备。奥古斯都在看到提比略和听到他如此挚爱之人的声音时，身体略有起色，但不久之后，由于没有任何照料能抵御命运，奥古斯都在七十六岁时，即庞培（Pompeius）和阿普勒乌斯（Apuleius）担任执政官的那一年①，化作那些曾孕育他生命的元素，将他神圣的灵魂交予上天。

2.124. 关于人类在这个时候的担忧、元老院的惊慌、人民的迷茫、罗马城的恐惧，关于我们当时发现自己所处的存亡之际的危险境地，由于我要急着记述下面的事，就没有时间写这些了，而不论谁有这个时间，都无法叙述这些内容。对我而言，只需说出这句寻常的话就足够了："那个我们担心会毁灭的世界，我们发现它实际上并没有被扰乱。这就是一个人的权威，即不需要军队去保卫良善之人或是镇压邪恶之徒。"然而，就某个方面而言，如果有可能被称为斗争之事的话，那就是元老院和罗马人民全力劝说凯撒，让他继承他父亲的权位，提比略则竭力争取他们的许可，做一介平民，宁愿与其他人平等，也不愿成为高高在上的元首。最后，他屈从于理性而不是荣誉，因为他发现只要是他不去保护的东西，都可能会毁灭。他是唯一一位有这样机运的人，即拒绝元首之位的时间几乎比那些拼命获得这一位置的人所花的时间还要长。

上天召走了提比略的父亲。人间的荣誉都授予了他的肉身，就像神圣的荣耀都授予了他的灵魂一样②。在这之后，提比略作为元首的第一项任务就是规范公民大会（comitia），这是奥古斯都曾在自己的遗书中下达的指示。在这时，这样的机运落在了我和我兄弟（玛吉乌斯·克莱尔·维勒雅努斯——中译者注）的身上，即作为凯撒提名的

———————

① 公元 14 年。

② 这里指的是官方对奥古斯都的神化。官方授予他"神圣的"（Divus）的头衔，修建了一座纪念他的神庙，组建了一个专门举行纪念他的祭祀的祭司团，设立了一个专门纪念他的节日奥古斯塔利亚节（Augustalia）。

候选人①，在那些高贵的家族和担任神职的家族之后紧接着被指定为大法官，而且我们获得了这样的荣誉：成为最后一批由奥古斯都举荐和第一批由提比略·凯撒提名的大法官。

2.125. 由于明智地要求提比略担任元首，共和国很快便因此收获了益处，而不久之前，我们可以明显地看到，如果我们的请求被拒绝（暗指提比略拒不接受元首之位——中译者注），我们会遭受什么，以及这一请求被应允（暗指提比略接受了元首之位——中译者注）后我们得到了什么。由日耳曼尼库斯亲自指挥的在日耳曼服役的军队，以及在伊利里库姆的军队——他们同时陷入了一种疯狂和一种将一切搅得天翻地覆的强烈欲望——想要一位新的领袖、一种新的秩序和一个新的共和国。不仅如此，他们甚至胆敢威胁向元老院和元首提条件，试图为自己确定薪水的金额和服役期限。他们甚至诉诸武力，拔剑出鞘；他们确信自己不会被惩罚的信念差一点引发最可怕的战争。他们所需要的仅仅是有人能率领他们对抗整个共和国；那里并不缺少追随者。但是，所有叛乱很快就被那位具有成熟经验的老指挥官平定——他在许多场合动用高压的手段，在可以凭借自己的尊严做出许诺的地方做出许诺。此外，他还通过严惩罪大恶极者和轻惩其他人的方式，镇压了叛乱。

在这危急关头，一方面，日耳曼尼库斯的领导在很多方面不乏严厉；另一方面，德鲁苏斯采用了罗马古时的严厉手段。当哗变之火正在熊熊燃烧时，日耳曼尼库斯奉父命前往这场冲突的正中心，他宁可坚持采用给他本人带去危险的方法，也不愿树立一个具有破坏性的先例，并且正是用了围攻者的剑，来反制围攻者。在这项任务中，他请尤尼乌斯·布莱苏斯（Junius Blaesus）作为他的杰出的助手。对于这个

---

① 意为位列凯撒提名的众多候选人之中。元首提名部分候选人，同时允许人民提名其余的候选人，然而自己却保留反对那些他认为不符资格的候选人的权利。

人，人们不知道他在军营中更能发挥作用还是穿着托袈更好。若干年
后，在阿非利加担任总督的他赢得了凯旋饰和大统帅（*imperator*）的　　317
头衔。

　　然而，西班牙的两个行省和在那里的军队一直处于和平、平静的
状态。因为玛尔库斯·雷必达——关于他的那些美德和在伊利里库姆
的卓越表现，我已经提到过——在那里指挥军队，以及他在这样的品
行上做到了最好的程度，即本能地知道最好的途径，而且在坚持主见
上态度始终如一。在伊利里库姆的海岸，他的机敏与忠诚在细节上堪
比高尚正直的多拉贝拉（Dolabella）。

　　2.126. 既然我们对过去十六年的政绩都看在眼里，记在心中，那
么谁愿来详细地叙述它们呢？凯撒没有凭借元首的权威，而是用自己
的崇敬之心神化了他的父亲；他并不是（口头上——中译者注）称呼他
为神，而是（真正地——中译者注）把他变成了一位神。在讲坛上，信
用得以重建，冲突不再出现，竞选官职时的拉票活动从玛尔提乌斯广
场中消失，元老院也不再争执；公义、公正和勤勉在被长时间地遗忘
后又回到了这个国家；行政官员们重获权力，元老院重获威严，法庭
重获尊严；剧场不再发生骚乱；自此以后，人们都牢记"行正义之事"
的信念，或者出于必要而不得不行善。当时，正义受到尊崇，邪恶受
到惩罚；地位低下之人尊敬位高权重之人却并不心存恐惧，位高权重
之人拥有优先权却并不蔑视地位低下之人。什么时候的粮价像当时那
样合理？与当时相比，哪个时代又获得了更多和平的福祉？传遍了东
方和西方，远达北国之边和南国之境的"奥古斯都的和平"（*Pax Au-*　　319
gusta）①，使得世界的每个角落都摆脱了对劫掠的恐惧。在补偿机运
造成的损失上，元首的慷慨不仅泽被普通公民，而且惠及所有的城

---

　　①　这一语汇通常用于区别奥古斯都统治时期的太平与之前诸场内战的混乱，在当时
已成为一个众所周知的说法。

市。亚细亚众城恢复了生机，各个行省也摆脱了原先长官们的压榨。荣誉一直等待着有资格获得的人；严酷的惩罚使用起来谨慎而又稳妥；公平的竞争胜过了影响力，美德胜过了野心，因为最出色的元首身体力行，教导他的公民们行使正义。他尽管是我们之中最有威权（*imperium*）的人，但在行为世范——这个典范是他设立的——方面，依旧做得更好。

2.127. 这样的事很罕见，即显赫卓越之人没能任用那些优秀之人去辅助他们，让他们福运亨通，就像两位西庇阿任用了两位莱利乌斯——两位西庇阿在所有的事情上对待两位莱利乌斯就像对自己一样，或者像被奉为神明的奥古斯都任用玛尔库斯·阿格里帕，以及之后的斯塔提利乌斯·陶卢斯（Statilius Taurus）。对于这些人，缺少高贵的血统并没有阻碍他们获得一系列执政官的职位、凯旋式和无数的神职。伟大的事业需要伟大的助手。对于一个国家来说，向对她有用的人授予显赫的地位，以及用政治权威提升他们的价值是很重要的。遵循之前的这些例子，提比略·凯撒已经并且一直将塞雅努斯·埃利乌斯（Sejanus Aelius）当作他在元首政治中肩负一切重任的无与伦比的助手。塞雅努斯的父亲是骑士阶层中的佼佼者，但从母系来看，他的祖先都是古老而又显赫的家族，以及因获得公共荣誉而显赫的家族，此外他的一些亲兄弟、堂兄弟和一位叔伯都担任过执政官。他本人在对待自己的上司时既忠诚，又极其勤勉；他那结实强健的体格可以同他强大的脑力相匹配；他为人冷峻而又不失随和爽朗，乐观愉悦而又不失严格；他勤奋忙碌，但看起来总是很悠闲从容。他不为自己追求任何荣誉，却因此获得了所有荣誉，他对自己的评价总是低于对别人的评价，在措辞和生活中态度冷静，尽管他的头脑永不停息地处于警惕的状态。①

321

---

① 塔西佗在《编年史》4.1 中有一段非常不同的叙述。

2.128. 在评价此人的品质方面，整个国家的意见与元首的意见长期竞相比高。就元老院和罗马人民而言，将出类拔萃之人视作高贵者并非新鲜事。因为三个世纪以前，即布匿战争之前，罗马人将"新人"提比略·科伦卡尼乌斯（Tiberius Coruncanius）推举到国家的最高位置，不仅授予他其他所有的荣誉，还授予他大祭司长之职；之后，罗马人授予斯普利乌斯·卡尔维利乌斯（Spurius Carvilius）执政官、监察官的职务以及凯旋式的荣誉，尽管他出身骑士阶层；不久之后，又将巨大的荣誉授予了从阿凯亚凯旋的穆米乌斯和玛尔库斯·加图，尽管后者不是土生土长的罗马人，而是出生在图斯库卢姆（Tusculum）；再后来，他们将出身微贱的盖乌斯·马略视为毋庸置疑的罗马第一号人物——在第六次执政官任期之前，他一直都是；他们还授予玛尔库斯·图利乌斯（Marcus Tullius）这样的荣誉：他几乎可以举荐他所选择的任何一个人出任重要的职位；他们还把荣誉授给了阿西尼乌斯·波利奥，而这些荣誉只能凭借汗水、辛劳获得，甚至被最尊贵的人获得——所有这些都给人一个感觉，就是最高的荣誉应该授予那些有美德的人。但是，正是对先例的自然追随，促使凯撒历练塞雅努斯，促使塞雅努斯协助元首分担重任，也使得元老院和罗马人民将他视作确保他们安全的最有力的工具，而愿意召唤这个人。 *323*

2.129. 我已在读者面前呈现了一个凯撒元首政治的概况，现在让我们回顾一些细节。凯撒拥有怎样的睿智，将拉斯库珀利斯（Rhascupolis）①——这个人杀害了与他共享王位的侄子科提斯（Cotys）——带

---

①　在色雷斯国王罗梅塔尔凯斯（Rhoemetalces）驾崩时，奥古斯都将他的王国分给他的儿子科提斯（Cotys）和他的兄弟拉斯库珀利斯（Rhascupolis）。在奥古斯都驾崩时，拉斯库珀利斯入侵了其侄子的领土，并且假装一副友好的姿态，邀请后者参加和谈，结果擒获后者，将其杀死。当提比略召拉斯库珀利斯前往罗马时，他开始集结军队，后来伊利里亚的代总督庞珀尼乌斯·弗拉库斯（Pomponius Flaccus）将其诱至罗马军营，遣送罗马。他被判处流放至亚历山大里亚，在那里被借口杀死。

到罗马！在处理这件事上，提比略得到了弗拉库斯·庞珀尼乌斯(Flaccus Pomponius)极为有力的帮助。此人是执政官，天生就在处理事务时具有准确的判断力，他也是一个从未刻意追求荣誉而凭借正直品格就赢得荣誉的人。他是带着怎样的尊严旁听对德鲁苏斯·李博(Drusus Libo)的审讯，不是以元首之尊，而是以一位元老和一名法官的身份！他在平定那个忘恩负义者的叛乱时是多么迅速！在他的指导下，日耳曼尼库斯得到了多么好的训练：在他的指导下，日耳曼尼库斯对军事学的基础知识掌握得如此扎实，以至于不久后提比略就迎接他——以日耳曼的征服者的身份——回罗马。尽管日耳曼尼库斯还年轻，但通过为他举行与其伟大功绩相称的盛大凯旋式，提比略赋予他怎样的荣耀！他慷慨地授予人们荣耀是多么频繁，他——不论何时，只要他可以在元老院的许可下这么做——多么欣然地将元老们的财产提升至所需的水平，这样做既不会助长奢侈之风，也不会让元老因为清贫而失去地位。他在送他心爱的日耳曼尼库斯前往大海对岸的诸省时，授予了他多少荣誉！他采用了怎样的有效外交手段，通过他的儿子德鲁苏斯的协助和力量，迫使马洛博杜乌斯——此人困守在自己所掌控的国土内，就像蛇蜷缩在自己的洞里一样——像为他出众的魅力所倾倒的蛇一样前来(我用这个明喻并不是对凯撒心存不敬)。他在牢牢地控制马洛博杜乌斯同时，给予后者多么充分的尊重！他以多么惊人的速度和勇猛平定了那场可怕的战乱——这场战争由萨克洛威尔(Sacrovir)和弗洛卢斯·尤利乌斯(Florus Julius)挑起①——以至于他得胜之后罗马人民才知道他上了战场，胜利的消息比战争的消息传播得还快！此外，阿非利加的战事——这场战争造成了巨大的恐慌，并且规模日益扩大——也在他的主持下，按照他的计划，很快被平定了。

---

① 公元21年。

2.130. 他以自己的或家族的名义兴建了怎样的公共建筑！他出于孝心多么慷慨——令所有人都难以置信——为他的父亲建立了那座神庙！在重建格奈乌斯·庞培那被火焚毁的工程时，他用了多么巨大的力量压制自己的个人情感！因为一种亲缘之感促使他保护每一处著名的历史古迹。对于最近的那场在凯利乌斯山（Caelian Hill）上发生的火灾，他表现得多么慷慨，就像在其他场合一样，调用自己的私人财产去弥补那些失去了自己一生财富的人，不论这些人属于哪个阶层。在征兵方面——人们对这件事经常怀有巨大而持久的恐惧——他让人们变得多么平静，使得他们在参军时毫无往日的恐惧。如果任何一种本性允许，或者凡人渺小的能力允许，那么我斗胆向诸神诉怨：这个地位最高的人，为何先是遭到德鲁苏斯·李博的背叛，之后又遭遇西利乌斯（Silius）和披索（Piso）的阴谋？而在这两个人中，提比略授予了其中一个人等级，提升了另一个人的等级。在之后更痛苦的考验中——即便提比略认为这些考验已经足够痛苦了——提比略为何要承受儿子们英年早逝的痛苦，以及失去孙子，即德鲁苏斯之子的痛苦？迄今为止，我仅仅讲述了不幸之事；现在，还要讲一些憾事。玛尔库斯·维尼奇乌斯，在过去的三年中，他的内心承受了怎样的煎熬！因他的儿媳和孙子带来的悲伤、愤怒以及耻辱[①]，他的灵魂承受了烈火怎样的烧灼——这火因为被压抑而更为酷烈！在这时候，最令他悲痛的莫过于他母亲的去世。她是女中英杰，在所有方面都更像诸神，而不是凡人。除了解决纷争和晋升等级，她的权力在平时难以为人们感知。

2.131. 让我用一段祈祷来结束我的作品。啊，朱庇特·卡皮托林乌斯（Jupiter Capitolinus）、罗马之名的创始者和支撑者玛尔斯·格拉

327

---

① 大阿格里披娜是提比略的养子日耳曼尼库斯之妻，于公元 30 年被放逐至潘达特利亚岛，公元 33 年在那里绝食而死；日耳曼尼库斯与大阿格里披娜之子尼禄则被放逐至庞提亚（Pontia）岛。

狄乌斯(Mars Gradivus)、永恒之火的守护者维斯塔(Vesta)，还有那些将这伟大的罗马帝国提升到大地之巅的诸神！我呼求你们，我以这个民族的名义向你们祈祷：捍卫、持守、保护万物现在的境况、我们所享受的和平、现任的元首，然后在他完成自己的使命时——衷心祈求这是授予凡人最绵长的福泽——直到最后的时刻之前，能让他后继有人，而且继承者们和他一样，能勇敢地肩负起这个世界帝国：培育所有善良公民敬神的计划，粉碎那些邪恶的公民渎神的诡计。

329

人名与地名索引[①]

Accius，Lucius 卢奇乌斯·阿克齐乌斯 1.17；2.9

Acerra 阿凯拉 1.14

Achaea(Achaean) 阿凯亚（阿凯亚人）1.3，11，12；2.32，38，40，
77，101，128

Achaicus 阿凯亚库斯 1.13

Achillas 阿奇拉斯 2.53

Achilles 阿喀琉斯 1.1，6

Acidinus 阿奇狄努斯，参见"曼利乌斯"(Manlius)

Actium 阿克提乌姆 2.84，86，88

Adduus 阿杜乌斯 2.102

Adriatic Sea 亚得里亚海 2.43，51

Aefulum 埃弗卢姆 1.14

Aegaean 爱琴海 1.4

Aegisthus 埃吉斯托斯 1.1

Aelius Catus，Sextus 塞克斯图斯·埃利乌斯·卡图斯，公元 4 年执

---

① 本书人名与地名索引参考了亚德利(Yardley)、巴雷特(Barrett)的译注本后的索引，参见 Velleius Paterculus，*The Roman History*：*From Romulus and the Foundation of Rome to the Reign of the Emperor Tiberius*，translated with introduction and notes by J. C. Yardley and Anthony A. Barrett，Indianapolis：Hackett Publishing Company，2011，pp. 161-174。

Leucas 莱乌卡斯 2.84

Liber 酒神利贝尔 2.82

Libo 李博，参见"斯克利波尼乌斯"（Scribonius）

Licinius Crassus, Lucius 卢奇乌斯·李锡尼乌斯·克拉苏，公元前 95
年执政官 2.9，36

Licinius Crassus Mucianus, Publius 普布利乌斯·李锡尼乌斯·克拉
苏·穆奇阿努斯，公元前 131 年执政官 1.17；2.4

Licinius Lucullus, Lucius 卢奇乌斯·李锡尼乌斯·路库卢斯，公元
前 74 年执政官 2.33，34，37，40，48

Licinius Lucullus, Marcus 玛尔库斯·李锡尼乌斯·路库卢斯，上面
的李锡尼乌斯之子 2.71

Licinius Lucullus, Marcus 玛尔库斯·李锡尼乌斯·路库卢斯，被收
养后改名玛尔库斯·泰伦提乌斯·瓦罗·路库卢斯（Marcus Ter-
entius Varro Lucullus），公元前 73 年执政官 2.28，48

Licinius Macer Calvus, Gaius 盖乌斯·李锡尼乌斯·玛凯尔·卡尔乌
斯 2.36

Licinius Nerva Silianus, Aulus 阿乌卢斯·李锡尼乌斯·涅尔瓦·希
利阿努斯，公元 7 年执政官 2.116

Limyra 利米拉 2.102

Livia 李维娅，参见"尤利娅"（Julia）

Livius, Titus 提图斯·李维乌斯 1.17；2.36

Livius Drusus, Marcus 玛尔库斯·李维乌斯·德鲁苏斯，公元前 91
年保民官 2.13，14，15

Livius Drusus Claudianus, Marcus 玛尔库斯·李维乌斯·德鲁苏
斯·克劳狄阿努斯，李维娅之父 2.71，75，94

Lollius, Marcus 玛尔库斯·罗利乌斯 2.97，102

Luca 卢卡 1.15

Luceria 卢凯利阿 1.14

Pompeius Magnus, Gnaeus 格奈乌斯·庞培·玛格努斯，即前三头之
　一的庞培 2.15，18，21，29，30，31，32，33，34，37，38，40，
　44，45，46，47，48，49，50，51，52，53，54，55，60，61，
　72，76，79，130

Pompeius Magnus, Gnaeus 格奈乌斯·庞培·玛格努斯，庞培之子
　2.55

Pompeius Magnus Pius, Sextus 塞克斯图斯·庞培·玛格努斯·庇乌
　斯，庞培之子 2.53，72，77，78，79，80，87

Pompeius Rufus, Quintus 昆图斯·庞培·卢福斯，公元前 88 年执政
　官 2.17，18，20

Pomepeius Strabo, Gnaeus 格奈乌斯·庞培·斯特拉波，庞培之父
　2.15，16，20，21，29

Pomponius, Marcus 玛尔库斯·庞珀尼乌斯，罗马骑士 2.6

Pomponius Bononiensis, Lucius 博诺尼亚(Bononia)的卢奇乌斯·庞
　珀尼乌斯 2.9

Pomponius Flaccus, Lucius 卢奇乌斯·庞珀尼乌斯·弗拉库斯 2.129

Pontidius, Gaius 盖乌斯·庞提狄乌斯 2.16

Pontius Telesinus 庞提乌斯·泰勒西努斯 2.16，27

Pontus 本都 2.18，23，38，56

Popaedius Silo, Quintus 昆图斯·珀佩狄乌斯·希罗 2.16

Popilius Laenas, Marcus 玛尔库斯·珀皮利乌斯·莱纳斯 1.10

Popilius Laenas, Publius, 普布利乌斯·珀皮利乌斯·莱纳斯，公元
　前 132 年执政官 2.7

Popilius Laenas, Publius, 普布利乌斯·珀皮利乌斯·莱纳斯，公元
　前 86 年保民官 2.24

Porcius Cato, Gaius 盖乌斯·珀尔奇乌斯·加图，公元前 114 年执政
　官 2.8

Porcius Cato, Lucius 卢奇乌斯·珀尔奇乌斯·加图，公元前 89 年执

出版说明

一、译文正文部分以 1924 年 Harvard University Press 出版的 Frederick W. Shipley 英译本（"洛布古典丛书"本）为底本，索引部分以 2011 年 Hackett Publishing Company 出版的 J. C. Yardley 和 Anthony A. Barrett 英译本为底本。

二、正文及索引底本的序号标注"卷－节－小节"三个层级。为保持阅读的连贯性，本译文正文及索引部分删去"小节"层级的序号，仅标注"卷－节"两个层级。

三、全书的数字形式（阿拉伯数字与罗马数字，罗马数字的大写与小写）同底本保持一致。

四、罗马人的姓名常有省略或顺序颠倒的情况，如提图斯·安尼乌斯·米洛（Titus Annius Milo），或作安尼乌斯·米洛（Annius Milo），或作米洛·安尼乌斯（Milo Annius）。本译文遵从拉丁原文及英译文，不作修改与统一。

五、索引之底本所列的罗马人物，依惯例将前名（praenomen）后置，而后排序，如提图斯·安尼乌斯·米洛（Titus Annius Milo）作"安尼乌斯·米洛，提图斯（Annius Milo，Titus）"，并依"Annius"为序。本译文遵从此惯例。

Velleius Paterculus, *Compendium of Roman History*, with an English translation by Frederick W.Shipley, London: William Heinemann Ltd, Cambridge, Massachusetts: Harvard University Press, 1924.

图书在版编目（CIP）数据

罗马史纲 /（古罗马）维勒乌斯·帕泰尔库鲁斯著；
张子青译. —北京：北京师范大学出版社，2025.3
　（西方古典译丛）
　ISBN 978-7-303-25511-5

Ⅰ . ①罗… Ⅱ . ①维… ②张… Ⅲ . ①古罗马 – 历史 Ⅳ . ① K126

中国版本图书馆 CIP 数据核字（2020）第 016434 号

LUOMA SHIGANG
出版发行：北京师范大学出版社 https://www.bnupg.com
　　　　　北京市西城区新街口外大街 12–3 号
　　　　　邮政编码：100088
印　　刷：北京盛通印刷股份有限公司
经　　销：全国新华书店
开　　本：730 mm × 980 mm　1/16
印　　张：12.25
字　　数：176 千字
版　　次：2025 年 3 月第 1 版
印　　次：2025 年 3 月第 1 次印刷
定　　价：118.00 元

策划编辑：刘东明　　　　　　　　责任编辑：岳　蕾
美术编辑：王齐云　　　　　　　　装帧设计：王齐云
责任校对：段立超　　　　　　　　责任印制：赵　龙